Dr. H. v. Zeddelmann / H. Steinhauser / F. Groschek

Spezialrezepte

Feine Backwaren · Vollkorn · Eis für den Diabetiker

Dr. H. v. Zeddelmann / H. Steinhauser / F. Groschek

Spezialrezepte

Feine Backwaren · Vollkorn · Eis
für den Diabetiker

Gildefachverlag Alfeld

CIP-Titelaufnahme der Deutschen Bibliothek

von Zeddelmann, Hindrich / Steinhauser, Harald / Groschek, Friedhelm
Spezialrezepte Feine Backwaren, Vollkorn, Eis für den Diabetiker /
H. von Zeddelmann, H. Steinhauser, Fr. Groschek. –
Alfeld: Gildefachverl., 1989
ISBN 3-7734-0205-8

ISBN 3-7734-0205-8

Fotos: Bettina Emmerich
Herstellung: Dobler-Druck GmbH & Co. KG, Alfeld
Printed in Western Germany

Zu diesem Buch

Mit diesem Rezeptbuch wenden wir uns an alle Bäcker, Konditoren und diätetisch interessierten Kollegen aus dem Gastronomie- und Gemeinschaftsküchenbereich, die an neuen Ideen zur Herstellung von Diabetiker-Erzeugnissen interessiert sind.

Unsere Rezeptsammlung gliedert sich in sieben Teile. Es sind dies Diabetiker-Rezepte für **Feine Backwaren, Torten und Spezialitäten, Desserts** und **Speiseeis** sowie auf Weizenvollkornbasis für **Feine Backwaren, Torten und Spezialitäten** und **Desserts.** Alle Rezepte wurden bereits vielfach erfolgreich erprobt und bieten die Möglichkeit, Diabetikern ein „süßes Erlebnis" zu vermitteln.

Den Rezepten vorangestellt haben wir eine leicht verständliche Erläuterung, was es mit der **Zuckerkrankheit** überhaupt auf sich hat. Nur wer die Zusammenhänge kennt, kann beurteilen, wie wichtig spezielle Diät-Nahrungsmittel für Diabetiker sind und warum diese mit besonders großer Sorgfalt hergestellt werden müssen.

Weiterhin findet der interessierte Leser alle Vorschriften zur Herstellung von Diabetiker-Backwaren, die in der gültigen **Diät-Verordnung** enthalten sind.

Ein gesondertes Kapitel gibt Auskunft über **Vollkornmahlerzeugnisse.**

Für die backtechnische Unterstützung bei der Diabetiker-Rezeptentwicklung gilt ein besonderer Dank den Bäckermeistern Heinz Wiese und Günter Göbel aus dem Vortella-Backlabor.

Dem Verleger, Herrn Hans-Gerhard Dobler, und seinen Mitarbeitern danken wir für viele Anregungen und die sehr gute Gestaltung dieses Buches. Unser Dank gilt auch Frau Dipl.-Ing. Bettina Emmerich für die sorgfältig angefertigten Fotos.

Wir wünschen allen Benutzern dieses Buches viel Erfolg und dankbare Kunden und Gäste.

Februar 1989 — Die Autoren

Inhalt

Wissenswertes

über die Zuckerkrankheit und die Vorschriften der Diätverordnung ab 29. 4. 1988 für Diabetiker-Backwaren

Dr. Hindrich von Zeddelmann

Die Zuckerkrankheit, die der Arzt Diabetes mellitus nennt, hat in den letzten Jahren in der Bundesrepublik stark zugenommen. Es ist eine typische Zivilisationskrankheit, die mit unserer Lebens- und Ernährungsweise in engem Zusammenhang steht. Das wird schon daraus ersichtlich, daß etwa 80 % der erwachsenen Diabetiker übergewichtig und fettleibig sind. Überernährung ist also sowohl für die Entstehung als auch für die weitere Entwicklung der Zuckerkrankheit grundsätzlich mitverantwortlich, wenn es sich nicht um eine Zuckerkrankheit bereits im jugendlichen Alter handelt, die vorwiegend erblich bedingt ist.

Man schätzt, daß in der Bundesrepublik zur Zeit etwa eine Million Menschen an erkannter Zuckerkrankheit leiden. 15–20 % davon sind schon seit ihrer Jugend Diabetiker, der Rest fällt unter den sogenannten Alterdiabetes, der sich erst im mittleren oder höheren Alter einstellt und vorwiegend auf Ernährungsfehler zurückzuführen ist. Da es in Deutschland noch keine organisierten Vorsorgeuntersuchungen gibt, nimmt man an, daß noch eine weitere Million unserer Bevölkerung an Diabetes erkrankt ist, ohne es zu wissen.

Erkennungssignale

Der Diabetes ist eine schleichende Erkrankung und gibt sich nicht durch Schmerzen oder ähnliche Beschwerden zu erkennen. Im Frühstadium kann nur durch eine Untersuchung des Blutzuckergehaltes eine beginnende Zuckerkrankheit festgestellt werden.

Bei etwas fortgeschrittener Krankheit erleichtern verschiedenartige Symptome dem Arzt die richtige Diagnose. Es macht sich zunehmendes Durstgefühl bemerkbar, was wiederum zur Harnflut führt. Heißhunger stellt sich ein bei gleichzeitiger Gewichtsabnahme. Mit Juckreiz verbundene Hauterkrankungen, Furunkulose, Lockerung der Zähne und schlechtes Heilen einfacher Wunden sind weitere Merkmale eines Diabetes. Charakteristisch ist auch in vielen Fällen ein süßlicher Geruch der Atemluft, dessen Auftreten auf giftige Zwischenstufen des Zuckerstoffwechsels in Form von Aceton zurückzuführen ist.

Als wichtiges Signal scheidet der Organismus über die Nieren Zucker mit dem Harn aus. Daher wird auch in erster Linie bei Verdacht auf Zuckerkrankheit untersucht, ob der Urin zuckerhaltig ist.

Das Wesen der Zuckerkrankheit

Bei der Zuckerkrankheit handelt es sich um eine Schädigung der Bauchspeicheldrüse. Diese Drüse produziert bei einem gesunden Menschen in der notwendigen Menge einen Wirkstoff, der aus dem Blut überschüssigen Traubenzucker entfernt und als Stärke in der Leber einlagert. Dieser Wirkstoff ist ein Hormon und heißt Insulin. Er sorgt dafür, daß der Zuckergehalt des Blutes, der sogenannte Zuckerspiegel, bei gesunden Menschen nicht höher als 80–120 mg % beträgt.

Ist die Bauchspeicheldrüse geschädigt, was zum Beispiel durch eine zu reichhaltige und zu fette Ernährung geschehen kann, wird die Insulinproduktion gestört. Die mit der Nahrung aufgenommenen Kohlenhydrate (einfache und zusammengesetzte Zucker wie Traubenzucker, Rübenzucker oder Stärke) werden zwar von Verdauungsfermenten normal aufgespalten und erreichen als Traubenzucker das Blut, können aber nicht oder nur zum Teil weiter verwertet und in Stärke umgewandelt werden. Die Folge ist, daß der Zuckergehalt des Blutes, der sogenannte Blutzuckerspiegel, schnell ansteigt und kritische Werte von über 200 mg % Blutzucker überschreiten kann. Der Organismus versucht, sich zu wehren, indem ein Teil des überschüssigen Zuckers über die Nieren in den Harn ausgeschieden wird. Eine Regulierung wird dadurch jedoch nicht erreicht. Läßt man der Krankheit ihren Lauf, kann der Blutzucker auf über 400 mg % ansteigen und alsbald einen Zustand innerer Vergiftung bewirken, der schließlich nach tiefer Bewußtlosigkeit, die man auch Koma nennt, zum Tode führt.

Die Behandlung des Diabetes

Es gibt kaum eine Erkrankung, die den Patienten so dauernd und unmittelbar zum Bewußtsein kommt, wie der Diabetes. Jeden Tag muß der Kranke seinen Speisezettel sorgfältig zusammenstellen und den Gehalt an Nährstoffen und Kalorien berechnen. In vielen Fällen ist auch eine regelmäßige medikamentöse Behandlung erforderlich. In schweren Fällen muß das fehlende Hormon Insulin in die Haut oder in die Muskulatur gespritzt werden. Eine Zufuhr über die Verdauungswege ist nicht möglich, da Insulin durch die Verdauungssäfte zerstört wird.

Eine wesentlich einfachere Behandlung ermöglichen blutzuckersenkende Tabletten. Diese sind zwar selbst kein Insulin, regen aber die Insulinbildung der geschädigten, aber noch arbeitenden Bauchspeicheldrüse an.

Während eine Zufuhr von Insulin oder Tabletten, was übrigens mehrmals täglich erfolgen muß, in der Regel bei mittleren und schwereren Erkrankungen notwendig ist, muß **jeder** Zuckerkranke einen ganz bestimmten Diätplan einhalten. Er muß wissen, welche Nährstoffe und welche Mengen er davon verarbeiten kann, ohne daß es zu einer übermäßigen Belastung seines Stoffwechsels kommt.

Er hat also die Zufuhr von Zuckerstoffen und besonders von einfachen Zuckern einzuschränken. Allerdings sind Kohlenhydrate andererseits lebensnotwendig, denn ohne sie kann eine Verbrennung der Fette nicht stattfinden.

Fehlt in einer Zelle Kohlenhydrat vollständig, so bricht ihr gesamter Stoffwechsel zusammen. Kohlenhydrate sind also auch für den Diabetiker unersätzlich!

Große Sorgfalt jedoch verdient die Auswahl der für einen Diabetiker geeigneten Kohlenhydrate. Wegen des schnellen Überganges in das Blut sollte er nach Möglichkeit einfache Zucker wie Traubenzucker und auch Rüben- oder Malzzucker meiden. Stärke wird wesentlich langsamer abgebaut und belastet daher den Blutzuckergehalt und somit auch den Insulinhaushalt wesentlich geringer als einfacher Zucker.

Welche Austauschstoffe können Zucker ersetzen?

Wir haben davon gesprochen, daß Traubenzucker durch Insulin in Leberstärke umgewandelt wird. Es gibt jedoch auch Kohlenhydrate oder ähnliche Stoffe, die ohne Mithilfe von Insulin in der Leber als

Stärke gespeichert werden können. Der Diabetiker hat dadurch die Möglichkeit, auf gewisse süßschmeckende Austauschstoffe auszuweichen.

Zu diesen zählt zunächst einmal der Fruchtzucker, auch Fructose genannt. Er kommt in zahlreichen Obstsäften vor, bildet allerdings mit Traubenzucker zusammen den Rübenzucker. Fruchtzuckerhaltiges Obst nimmt also bei den Kohlenhydraten eine gewisse Sonderstellung ein. Etwa ⅓ der täglich aufzunehmenden Kohlenhydrate darf aus Obst in Form von Fruchtzucker stammen. Die Toleranz für Fruchtzucker beträgt bei einem erwachsenen Diabetiker etwa 50–60 g am Tag. Darüber hinaus ist Obst als Vitamin- und Mineralstoffträger für den Zuckerkranken unentbehrlich. Ausgenommen sollten allerdings Weintrauben, überreife Bananen und Trockenobst bleiben. Weintrauben und Bananen enthalten relativ viel Traubenzucker, Trockenobst ist wegen der hohen Konzentration an Kohlenhydraten abzulehnen.

Beim Backen bereitet die Verwendung von Fruchtzucker größere Schwierigkeiten. Geringere Mengen führen zu einer sehr starken Krustenbräunung, größere Mengen färben die Krume rotbraun und machen sie speckig.

Ein weiterer, seit vielen Jahren hervorragend bewährter Zuckeraustauschstoff zeigt dieses nachteilige Verhalten im Backprozeß nicht. Es ist Sorbit, chemisch ein sogenannter sechswertiger Alkohol, der aus Maisstärke gewonnen wird. Sorbit, auch unter dem Markennamen SIONON® – SIONON ist ein eingetragenes Warenzeichen – bekannt, liefert dem Diabetiker ebenfalls die notwendige Energie zum Verbrennen von Fetten, da jedes Gramm Sorbit einen Brennwert von ca. 4,0 Kalorien hat. Sorbit ist mit dem Traubenzucker nahe verwandt und kommt auch in vielen Pflanzen und einigen Obstsorten vor. Er wird vom Diabetiker gut vertragen, schmeckt süß, erschwert jedoch etwas durch starke Wasseranziehung den Backvorgang und bräunt schwächer als Zucker.

Sorbit erhöht kaum den Blutzuckergehalt, wird durch Fermente gespalten und **ohne** Insulinbedarf in Leberstärke umgewandelt.

Die Süßkraft von Sorbit beträgt ungefähr die Hälfte des gewöhnlichen Kristallzuckers (Rübenzucker).

Die Verträglichkeit von Sorbit ist gut, wenn man als Tagesmenge nicht über 60 bis 80 g nimmt und diese Gesamtdosis gleichmäßig über den Tag verteilt. Höhere Mengen haben eine abführende Wirkung.

Als weiteres Produkt ist ein Sorbit mit der Zusatzbezeichnung „Diabetikersüße" im Handel. Es handelt sich hierbei um Sorbit, welcher durch Zusatz von 0,11 % Saccharin die gleiche Süßkraft wie normaler Kristallzucker erhalten hat. Neben Saccharin sind als weitere kalorienfreie Süßstoffe sog. Cyclamate zugelassen.

Natürlich ist es nicht möglich, die Kost eines Diabetikers ganz frei von Stärke oder anderen traubenzuckerhaltigen Kohlenhydraten zu machen. Daher ist es wichtig, bei der Auswahl der stärkehaltigen Nahrungsmittel die ärztlichen Richtlinien besonders sorgfältig zu beachten. So sollten vorwiegend Kohlenhydrate verwendet werden, die langsam abgebaut werden. Hierzu gehören im Rahmen der vorgeschriebenen täglichen Kalorienmenge hauptsächlich jene Brotsorten, die das volle Korn enthalten, also Vollkornbrote, Schrotbrote und Schwarzbrote. Auch die für einen Diabetiker besonders wichtige Verdauung wird durch derartige Brotsorten gefördert.

Auf dem Feinbackwarensektor dagegen liegt ein breites Betätigungsfeld für interessierte Backbetriebe. Spezielle Diabetikererzeugnisse aus der Backstube können viel dazu beitragen, den etwas eintönigen Speisezettel eines Diabetikers abwechslungsreicher zu gestalten und dadurch diesem Personenkreis mehr Lebensfreude zu schenken.

Was ist eine Broteinheit?

Ein Diabetiker hat sehr gewissenhaft die Zusammensetzung seiner täglichen Nahrung zu überwachen. Um dieses bei den Kohlenhydraten, deren Berechnung besonders wichtig, aber auch nicht ganz einfach ist, zu erleichtern, wurde in den zwanziger Jahren eine Art „Diabetikerwährung" eingeführt. Man nahm als Grundlage eine normale Scheibe Brot von etwa 25 g und bezeichnete die Menge der darin enthaltenen Kohlenhydrate als **eine Broteinheit** (1 BE).

Eine Broteinheit entsprach also einer Kohlenhydratmenge, die auf den Stoffwechsel des Zuckerkranken die gleiche Wirkung ausübt, wie es 12 g Traubenzucker (Glukose) tun. Somit hatte der Zuckerkranke die Möglichkeit, mit Hilfe der auf den Diabetikernahrungsmitteln aufgedruckten Angaben einfach zu ermitteln, wieviel Broteinheiten an Kohlenhydraten er sich mit bestimmten Nahrungsmitteln zuführt.

So entsprechen zum Beispiel eine Kartoffel im Gewicht von etwa 60 g oder ein halbes Brötchen im Gewicht von etwa 21 g je einer Broteinheit.

Es mußten im allgemeinen von einem Zuckerkranken mindestens 10 Broteinheiten pro Tag vertragen werden, um ihn ausschließlich bei seiner Diät belassen zu können.

Wurden auch 10 Broteinheiten nicht toleriert, stieg also der Blutzucker im wesentlichen über 200 mg % oder kam es zu einer stärkeren Zuckerausscheidung im Harn, mußte die eigene Insulinbildung durch bestimmte Tabletten angeregt oder durch Fremdinsulin ersetzt werden.

Die neue Diät-Verordnung schreibt vor, daß auch die zugelassenen Zuckeraustauschstoffe Sorbit und Fructose in die Broteinheitenrechnung einbezogen werden müssen. Allerdings ist die Angabe der BE nicht mehr zwingend erforderlich.

Eine Diät ist jedoch in jedem Falle einzuhalten. Die Bereitstellung von Kohlenhydraten kann sich dann nach dem individuellen Bedarf richten und sollte in der Regel täglich bei 16 Broteinheiten liegen. Natürlich spielen Alter, Körpergröße und Beschäftigungsart eine wichtige Rolle, so daß die Menge an erforderlichen Kohlenhydraten zwischen 12 und 25 Broteinheiten pro Tag schwanken kann.

Vorsicht vor Übergewicht

Wie eingangs erwähnt, leiden die meisten Diabetiker unter Übergewicht. Aus diesem Grund ist auch eine strikte Kontrolle der Kalorienzufuhr notwendig. Ein Diabetiker sollte nicht mehr als 45 % seiner täglichen Kalorien aus Kohlenhydraten, 20 % aus Eiweiß und 35 % aus Fett decken. Eine Verschiebung des einen oder anderen Stoffes kann zu Störungen führen. Der Gesamtkalorienbedarf richtet sich nach Körpergröße, Geschlecht und Ausmaß der körperlichen Betätigung.

Die Diät-Verordnung
Die Verordnung über diätische Lebensmittel ist öfter in zahlreichen Punkten, die vor allem die Hersteller von Diabetiker-Backwaren angehen, geändert worden. Die neuen Vorschriften sind ab 29. 4. 1988 zu beachten.

Die Kalorie wurde durch Joule ersetzt
Der vertraute Begriff der Kalorie als Ausdruck für eine bestimmte Menge Wärmeenergie wird in einigen Jahren der Vergangenheit angehören. Aufgrund internationaler Vereinbarungen wurde das gesamte technische Maßsystem auf einheitliche Maßgrößen konzentriert. Dabei wird in Zukunft die Kalorie durch einen neuen Begriff, den man Joule (sprich: Dschul) nennt, ersetzt. Joule war ein englischer Physiker und lebte im vorigen Jahrhundert. Nach ihm wird die neue Einheit für Arbeit, Energie und Wärmemenge benannt. Danach entspricht 1 Kalorie = 4,186 Joule.

Daher hat die Angabe des Brennwertes in Joule zu erfolgen. Der entsprechende Kaloriengehalt ist in Klammern zu setzen. Um die Umrechnung etwas einfacher zu machen, hat der Gesetzgeber auf krumme Zahlen hinter dem Komma verzichtet, so daß folgende Werte verbindlich sind:

1 g verwertbares Fett
38 Kilo-Joule (9 kcal)
1 g verwertbares Eiweiß
17 Kilo-Joule (4 kcal)
1 g verwertbare Kohlenhydrate Sorbit, Xylit und Glycerin
17 Kilo-Joule (4 kcal)
1 g Alkohol (!)
30 Kilo-Joule (7 kcal)
1 g Genußsäure
13 Kilo-Joule (3 kcal)

Die Bezeichnung muß also pro 100 g beispielsweise wie folgt heißen: „Physiologischer Brennwert: 760 kJ (180 kcal).

Die Angabe der Broteinheiten ist freigestellt
Aus der „Muß"-Vorschrift, die Broteinheiten zu nennen, ist seit 1982 eine „Kann"-Vorschrift geworden! Es ist also nicht notwendig, die Broteinheiten für Diabetiker-Lebensmittel anzugeben. Darüber hinaus ist auch die Berechnung der Broteinheiten anders geregelt worden. Während bisher nur diejenigen Mengen des Lebensmittels angegeben werden mußten, die auf den Stoffwechsel des Zuckerkranken die gleiche Wirkung ausüben, wie 12 g Traubenzucker (Glukose), gilt jetzt als Broteinheit (BE) die Menge von **insgesamt** 12 g Zucker und zuckerähnlichen Stoffen, wobei auch die zugelassenen Zuckeraustauschstoffe (mit Ausnahme von Mannit) mit berücksichtigt werden müssen. Man muß also danach sowohl Traubenzucker (Glukose), wie bisher, sowie zusätzlich die Zuckeraustauschstoffe Fruchtzucker (Fructose), Sorbit und Xylit in die Rechnung einbeziehen.

Obwohl, wie erwähnt, die Angabe der Broteinheiten jedem freigestellt ist, empfiehlt es sich trotz allem, diese unter Berücksichtigung der veränderten Umstände weiterzuführen. Dem Diabetiker erleichtert diese Angabe die Berechnung seiner Tagesdiät.

Zusammenfassung aller ab 29. 4. 1988 geltenden Vorschriften der Diät-Verordnung für die Herstellung von Diabetiker-Backwaren

1. Diätische Lebensmittel müssen sich von anderen Lebensmitteln vergleichbarer Art durch ihre Zusammensetzung oder ihre Eigenschaften **maßgeblich** unterscheiden.

2. Diätetische Lebensmittel dürfen gewerbsmäßig nur in Fertigpackungen abgegeben werden. Dieses gilt nicht, sofern diätische Lebensmittel zum Verzehr an Ort und Stelle abgegeben werden. Ausgenommen sind auch frische Backwaren (lose oder im Anschnitt) für Diabetiker.

3. Als Zuckeraustauschstoffe für Diabetiker-Erzeugnisse sind zugelassen: Fruchtzucker (Fructose), Sorbit, Mannit und Xylit.

4. Als Süßungsmittel für Diabetiker-Lebensmittel sind zugelassen: Saccharin sowie Natrium- und Calcium-Cyclamat.

5. Diabetiker-Backwaren dürfen mit einem Hinweis hierauf gewerbsmäßig nur in den Verkehr gebracht werden, wenn der Gehalt an Fett nicht größer ist als in vergleichbaren Lebensmitteln.

6. Bei der Herstellung von Diabetiker-Backwaren dürfen Traubenzucker (Glukose), Invertzucker, Disaccharide (normaler Zucker) und Glukosesirup **nicht** zugesetzt werden. Anstelle dieser dürfen nur, wie bereits erwähnt, die Zuckeraustauschstoffe Fruchtzucker, Sorbit, Mannit und Xylit verwendet werden.

7. Diabetiker-Backwaren, die mit Saccharin oder Cyclamat gesüßt worden sind, müssen auf der Verpackung die Bezeichnung tragen: „Diätetisches Lebensmittel mit Süßstoff Saccharin (bzw. Cyclamat)". **Zusätzlich** muß es im Zutatenverzeichnis, das die Lebensmittelkennzeichnung vorschreibt, heißen: „Künstlicher Süßstoff".

8. Werden Diabetiker-Backwaren in Fertigpackungen verkauft, ist auf diesen das unverschlüsselte Haltbarkeitsdatum anzugeben, und zwar

bei Haltbarkeit unter 3 Monaten: „Mindestens haltbar bis (Tag und Monat)";

bei Haltbarkeit unter 18 Monaten: „Mindestens haltbar bis Ende (Monat und Jahr)";

bei Haltbarkeit über 18 Monaten: „Mindestens haltbar bis Ende (Jahr)".

9. Auf den Fertigpackungen für Diabetiker-Backwaren müssen weiterhin angegeben werden

a) der Gehalt an verdaulichen Kohlenhydraten, Fetten und Eiweißstoffen jeweils in Gramm, bezogen auf 100 g des fertigen Lebensmittels. Die Angabe kann bei Mengen unter 1 g pro 100 g fehlen,

b) der auf 100 g des Lebensmittels bezogene physiologische Brennwert in Kilojoule (Kilokalorien) oder auch abgekürzt in kJ (kcal),

c) die verwendeten Zuckeraustauschstoffe (Fruchtzucker, Sorbit, Mannit oder Xylit) und ihre Mengen, bezogen auf 100 g des Lebensmittels.

Zusätzlich bei Gesamtmenge von Mannit, Xylit oder Sorbit („Sionon") über 10 %: „Kann bei übermäßigem Verzehr abführend wirken",

d) bei Portionspackungen oder Nennung von Portionsmengen alle bisherigen Mengenangaben; **zusätzlich** pro Portion. Portionspackungen unter 50 g brauchen nur die Angabe **pro Portion** zu enthalten.

e) Werden Lebensmittel für Diabetiker, die zur **unmittelbaren Abgabe** an den Verbraucher bestimmt sind, **lose oder im Anschnitt** verkauft, müssen die Angaben über Gehalt an verdaulichen Kohlenhydraten, Fetten und Eiweißstoffen, den Kilojoule-(Kilokalorien)-Wert, die verwendeten Zuckeraustauschstoffe und Süßstoffe auf Schildern gemacht werden, die auf oder neben der Ware für den Verbraucher deutlich sichtbar anzubringen oder aufzustellen sind.

f) Erfolgt der Verkauf zum Verzehr an Ort und Stelle, also im Café oder Restaurant, genügen die erforderlichen Angaben: „Diabetiker-Nahrungsmittel",

„diätetisches Lebensmittel mit Süßstoff" sowie Gehalt an verwertbaren Kohlenhydraten, Fetten und Eiweißstoffen, Kilojoule und Kilokalorien auf Speisekarten oder Preisverzeichnissen. Sind solche nicht vorhanden, muß ein Aushang in deutlich sichtbarer, leicht lesbarer Schrift in deutscher Sprache über die Zusammensetzung der entsprechenden Diabetiker-Backwaren Auskunft geben.

g) **Zusätzlich** zu den vorgeschriebenen Angaben **kann** diejenige Menge der Diabetiker-Backwaren angegeben werden, die einer Broteinheit (BE) entspricht. Dabei gilt als Broteinheit eine Menge von insgesamt 12 g an Zuckerstoffen (einfacher Zucker, zusammengesetzter Zucker, Stärke) einschließlich der zugelassenen Zuckeraustauschstoffe Fructose, Sorbit und Xylit.

h) **Zusätzlich** zu den obigen, durch die Diätverordnung vorgeschriebenen Angaben **muß** die Kennzeichnung bei Fertigpackungen auch den Vorschriften der Lebensmittelkennzeichnungsverordnung entsprechen. Dazu gehören
1. die Verkehrsbezeichnung
2. Name u. Anschrift der Firma
3. Verzeichnis der Zutaten in absteigender Reihenfolge ihres Gewichtsanteils
4. Mindesthaltbarkeitsdatum (bereits erwähnt)
5. Füllmenge
Bei der Kennzeichnung ist weiter zu beachten, daß Verkehrsbezeichnung, Mindesthaltbarkeitsdatum und Mengenkennzeichnung im gleichen Sichtfeld anzubringen sind.

Beispiel einer Kennzeichnung
Um die Übersicht zu erleichtern, soll nachfolgend als Beispiel die vollständige Kennzeichnung einer Diabetiker-Backware zusammengefaßt werden.

Diabetiker-Sandkuchen
Mindestens haltbar bis 5. 12.
250 g (gleiches Gesichtsfeld)
Bäckerei Wagner, Postfach 70, 4990 Lübbecke

Zutaten:
Weizenmehl, Stärke, Ei, Backmargarine, Sorbit, Wasser, Salz, Backpulver, künstlicher Süßstoff, natürliche und naturidentische Aromastoffe
100 g enthalten:

verwertbare Kohlenhydrate	60 g
verwertbare Fette	22 g
verwertbare Eiweißstoffe	6 g
Zuckeraustauschstoff Sorbit	18 g

(kann bei übermäßigem Verzehr abführend wirken)
Physiologischer Brennwert: 1900 kJ (455 kcal)
Diätetisches Lebensmittel mit Süßstoff Saccharin zur besonderen Ernährung bei Diabetes im Rahmen eines Diätplanes.
(1 BE = 20 g)

Bei der Berechnung des Gehaltes der einzelnen Zusatzstoffe, die deklariert werden müssen, ist darauf zu achten, daß durch den Backprozeß Wasserverluste, also Gewichtsverluste eintreten, so daß die ursprüngliche Rezeptur entsprechend dem Gewichtsverlust umgerechnet werden muß. Dieses ist besonders wichtig für den Gehalt an Broteinheiten und Joule (Kalorien).

Es empfiehlt sich **auf keinen Fall,** derartige Berechnungen im Backbetrieb selbst vorzunehmen, da umfangreiche lebensmittelchemische und ernährungsphysiologische Kenntnisse dazu erforderlich sind. Das Vortella Lebensmittelwerk wie auch andere Firmen führen im Rahmen ihres Kundendienstes derartige Berechnungen durch.

Auch muß **dringend** davor gewarnt werden, Abweichungen an bereits berechneten Diabetiker-Rezepten vorzunehmen. Jede Veränderung des Rezeptes kann auch die deklarationspflichtige Zusammensetzung ändern und deshalb eine neue Berechnung und eine neue Beschriftung der Verpackung mit der geänderten Zusammensetzung erforderlich machen.

Bitte unbedingt beachten!

Alle Backrezepte wurden mit Vortella-Spezialmargarinen in Delikatess-Qualität oder Butter hergestellt. Auf die Hersteller der verwendeten Halbfabrikate für Diabetiker wird auf den jeweiligen Rezeptseiten hingewiesen. Bei der Berechnung der Analysendaten wurde die Zusammensetzung dieser Halbfabrikate berücksichtigt. Ein Austausch der genannten Halbfabrikate durch andere Erzeugnisse ist nur möglich, wenn die Analysendaten übereinstimmen. Die Herstellerfirmen und die Analysendaten der verwendeten Halbfabrikate sind auf den Seiten 87 und 88 angegeben.

Dunstfrüchte und Säfte müssen in ihrer Zusammensetzung unverändert sein und dürfen auch keinerlei Zuckerzusätze enthalten.

Die Analysen wurden mit Hilfe der „Nährwerttabellen" von Souci, Fachmann und Kraut errechnet.

Es muß **dringend** davor gewarnt werden, Änderungen an den vorliegenden Diabetiker-Rezepten vorzunehmen. Jede Veränderung kann auch die kennzeichnungspflichtige Zusammensetzung ändern und deshalb eine neue Berechnung und eine neue Beschriftung der Verpackung mit der geänderten Zusammensetzung erforderlich machen. Da zur Berechnung der Analysenwerte umfangreiche lebensmittelchemische und ernährungsphysiologische Kenntnisse erforderlich sind, sollten auf keinen Fall derartige Berechnungen im Betrieb selbst vorgenommen werden. Das Vortella Lebensmittelwerk wie auch andere Firmen führen im Rahmen ihres Kundendienstes derartige Berechnungen durch.

Weiterhin ist wichtig, sich bei der Herstellung der Diabetiker-Erzeugnisse nach den vorliegenden Rezepten genau an alle Gewichtsangaben zu halten. Jede noch so kleine Abweichung führt zu anderen Analysenwerten und somit zu einer Irreführung des zuckerkranken Verbrauchers. Es liegt auf der Hand, daß damit auch gesundheitliche Schädigungen verbunden sein können!

Die in den Diabetiker-Rezepten angegebenen Backtemperaturen und Backzeiten sind ca.-Werte, die bei unterschiedlichen Backofentypen etwas schwanken können.

Da Sorbit und Fruchtzucker zur schnelleren Feuchtigkeitsaufnahme neigen, sollte Diabetiker-Teegebäck frisch verpackt werden. Hierdurch bleibt die Rösche und Frische länger erhalten.

WICHTIG!
Alle Diabetiker-Gebäcke (auch Teiglinge) und Diabetiker-Sahnetorten lassen sich problemlos frosten.

Im Februar 1989

Diabetiker-
Feine Backwaren

Diabetiker- **Mürbteig**

Zutaten:

250 g „Delikatess-Back"-Margarine
200 g „Sionon-Diabetiker-Süße"
100 g (2) Eier
Salz, Vanille
500 g Weizenmehl, Type 550 } ver-
6 g Backpulver } sieben

1056 g Diabetiker-Mürbteig

Herstellung:
Außer Weizenmehl und Backpulver alle Zutaten gut miteinander verarbeiten. Zum Schluß das Weizenmehl-Backpulvergemisch unterarbeiten. Kühl lagern.

Backtemperatur: ca. 200 °C
Backzeit: ca. 10 Minuten
Backverlust: ca. 12 %

Analyse

Diabetiker-Mürbteig

100 g Gebäck enthalten:

verwertbare Kohlenhydrate	40 g	Zuckeraustauschstoff Sorbit (kann bei übermäßigem Verzehr abführend wirken)	22 g
verwertbare Eiweißstoffe	7 g	Physiologischer Brennwert:	
verwertbare Fette	23 g	2047 kJ (483 kcal)	(1 BE = 19 g)

Diabetiker- **Streusel**

Zutaten:

600 g „Delikatess-Back"-Margarine
400 g „Sionon-Diabetiker-Süße"
150 g (3) Eier
60 g Vollmilchpulver
1050 g Weizenmehl, Type 550 } ver-
10 g Backpulver } sieben

2270 g Diabetiker-Streusel

Herstellung:
Außer Weizenmehl und Backpulver alle Zutaten gut miteinander verarbeiten. Zum Schluß das Weizenmehl-Backpulvergemisch hinzugeben und einen Streusel herstellen.

Backverlust: ca. 11 %

Analyse

Diabetiker-Streusel

100 g Diabetiker-Streusel (gebacken) enthalten:

verwertbare Kohlenhydrate	40 g	Zuckeraustauschstoff Sorbit (kann bei übermäßigem Verzehr abführend wirken)	20 g
verwertbare Eiweißstoffe	7 g		
verwertbare Fette	26 g		

Diabetiker- Biskuitboden

Zutaten:
für 1 Boden 26 cm Durchmesser
150 g (3) Eier
80 g „Sionon-Diabetiker-Süße"
50 g Weizenpuder } versieben
50 g Weizenmehl, Type 550 } versieben
2 g Backpulver } versieben

332 g Diabetiker-Biskuitmasse

Herstellung:
Eier und „Sionon-Diabetiker-Süße" kalt aufschlagen. Die versiebten Zutaten untermelieren. Biskuitmasse in einen mit Blechpapier eingefaßten Tortenring einfüllen und glattstreichen.

Backtemperatur: ca. 200 °C
Backzeit: ca. 20 Minuten
Backverlust: ca. 15 %

Analyse

Diabetiker-Biskuitboden

100 g Gebäck enthalten:			
verwertbare Kohlenhydrate	28 g	Zuckeraustauschstoff Sorbit (kann bei übermäßigem Verzehr abführend wirken)	28 g
verwertbare Eiweißstoffe	9 g	Physiologischer Brennwert:	
verwertbare Fette	6 g	1333 kJ (314 kcal)	(1 BE = 21 g)

Diätetisches Lebensmittel mit Süßstoff Saccharin zur besonderen Ernährung bei Diabetes mellitus im Rahmen eines Diätplans.

Mindestens haltbar bis: ______

Diabetiker- Windbeutel

Zutaten:
für ca. 90 Stück
250 g (¼ Liter) Vollmilch } aufkochen
250 g (¼ Liter) Wasser } aufkochen
250 g „Delikatess-Vortmin"-Erdnußfett } aufkochen
Salz, Zitrone } aufkochen
500 g Weizenmehl, Type 550
600 g (12) Eier

1850 g Brandmasse

Herstellung:
Unter die kochenden Zutaten das Weizenmehl rühren und gut abrösten. Nach und nach die Eier unterrühren. (Die Brandmasse muß glatt und glänzend sein.) Mit einer großen Sterntülle die Brandmasse auf gefettete, gemehlte Bleche dressieren. Mit etwas Dampf oder unter Dosen backen. **Dosen** nach dem Backen **sofort abnehmen.**

Backtemperatur: ca. 210 °C
Backzeit: ca. 25 Minuten
(unter Dosen ca. 35 Minuten)
Backverlust: ca. 33 %

Analyse

Diabetiker-Windbeutel

100 g Gebäck enthalten:			
		Physiologischer Brennwert:	
		1740 kJ (411 kcal)	(1 BE = 39 g)
verwertbare Kohlenhydrate	31 g		
verwertbare Eiweißstoffe	11 g		
verwertbare Fette	27 g		

Diabetiker- **Krem**

Analyse

Diabetiker-Krem

100 g enthalten:		Zuckeraustauschstoff Sorbit	25 g
verwertbare Kohlenhydrate	0 g		
verwertbare Eiweißstoffe	1 g		
verwertbare Fette	32 g		

Zutaten:

500 g	Wasser	zu einem Fond aufkochen
150 g	(3) Eier	
500 g	„Sionon-Diabetiker-Süße"	
	Salz	
800 g	„Delikatess-Creme"-Margarine	
1950 g	Diabetiker-Krem	

Herstellung:
„Delikatess-Creme"-Margarine aufschlagen. Den temperierten Fond langsam unter die „Delikatess-Creme"-Margarine rühren und zu vollem Volumen aufschlagen.

Diabetiker- **Dunstsauerkirschen, abgebunden**

Analyse

Diabetiker-Dunstsauerkirschen, abgebunden

100 g enthalten:		Zuckeraustauschstoff Sorbit	7 g
verwertbare Kohlenhydrate	5 g		
verwertbare Eiweißstoffe	0,8 g		
verwertbare Fette	0,5 g		

Zutaten:

60 g „Sionon-Diabetiker-Süße"
35 g Kaltsaftbinder
250 g Saft von Dunstsauerkirschen
500 g abgelaufene Dunstsauerkirschen

845 g Diabetiker-Dunstsauerkirschen, abgebunden

Herstellung:
„Sionon-Diabetiker-Süße" und Kaltsaftbinder mischen und unter den Saft rühren. Die Dunstsauerkirschen unterziehen.

Diabetiker- **Mürbgebäck**

Zutaten:

600 g „Delikatess-Back"-Margarine
150 g (3) Eier
300 g „Sionon-Diabetiker-Süße"
Salz, Zitrone
60 g Vollmilchpulver
800 g Weizenmehl, Type 550
200 g Mandelgrieß

2110 g Diabetiker-Mürbteig

Herstellung:
Mürbteig auf 3 mm Stärke ausrollen. Mit Ausstechern gewünschte Formen ausstechen. Auf Bleche setzen, mit Eistreiche abstreichen und abbacken.

Backtemperatur: ca. 200 °C
Backzeit: ca. 10 Minuten
Backverlust: ca. 13 %

Analyse

Diabetiker-Mürbgebäck

100 g Gebäck enthalten:			
verwertbare Kohlenhydrate	35 g	Zuckeraustauschstoff Sorbit (kann bei übermäßigem Verzehr abführend wirken)	16 g
verwertbare Eiweißstoffe	8 g	Physiologischer Brennwert:	
verwertbare Fette	34 g	2295 kJ (542 kcal)	(1 BE = 23 g)

Diätetisches Lebensmittel mit Süßstoff Saccharin zur besonderen Ernährung bei Diabetes mellitus im Rahmen eines Diätplans.

Mindestens haltbar bis: ____________

Diabetiker-
Gebäckmischung

Bestehend aus den Diabetiker-Rezepten:

Diabetiker-Mürbgebäck (Seite 21)
Diabetiker-Sandspritzgebäck (Seite 39)

Mischungsverhältnis 1:1

Analyse

Diabetiker-Gebäckmischung

100 g Gebäck enthalten:

verwertbare Kohlenhydrate	37 g
verwertbare Eiweißstoffe	8 g
verwertbare Fette	30 g
Zuckeraustauschstoff Sorbit (kann bei übermäßigem Verzehr abführend wirken)	17 g
Physiologischer Brennwert: 2194 kJ (518 kcal)	(1 BE = 22 g)

Diätetisches Lebensmittel mit Süßstoff Saccharin zur besonderen Ernährung bei Diabetes mellitus im Rahmen eines Diätplans.

Mindestens haltbar bis: ______________________

Diabetiker- **Marmorkeks**

Zutaten:

300 g	„Delikatess-Back"-Margarine	
400 g	„Sionon-Diabetiker-Süße"	
100 g	(2) Eier	
	Salz, Vanille und Zitrone	
600 g	Weizenmehl, Type 550	ver-
5 g	Backpulver	sieben
1405 g	Diabetiker-Keksteig	

Diabetiker-Schokoteig:

450 g	Diabetiker-Keksteig	verar-
20 g	Kakaopulver	beiten

Herstellung:
Den Diabetiker-Keksteig absteifen lassen und wie gewünscht als „Schwarz-Weiß-Gebäck" verarbeiten (siehe Foto).

Backtemperatur: ca. 180 °C
Backzeit: ca. 15 Minuten
Backverlust: ca. 16 %

Analyse

Diabetiker-Marmorkeks

100 g Gebäck enthalten:		
verwertbare Kohlenhydrate	38 g	Zuckeraustauschstoff Sorbit 34 g (kann bei übermäßigem Verzehr abführend wirken)
verwertbare Eiweißstoffe	7 g	Physiologischer Brennwert:
verwertbare Fette	22 g	2179 kJ (514 kcal) (1 BE = 16 g)

Diätetisches Lebensmittel mit Süßstoff Saccharin zur besonderen Ernährung bei Diabetes mellitus im Rahmen eines Diätplans.

Mindestens haltbar bis: ____________

Diabetiker- **Nußknacker**

Zutaten:

350 g „Delikatess-Back"-Margarine
200 g „Sionon-Diabetiker-Süße"
150 g (3) Eier
120 g geröstete, gemahlene Haselnüsse
Salz, Vanille, Zimt
500 g Weizenmehl, Type 550
200 g ganze, geröstete Haselnüsse

1520 g Diabetiker-Nuß-Mürbteig

Herstellung:

Von „Delikatess-Back"-Margarine und den restlichen Zutaten (außer den ganzen Haselnüssen) einen Nuß-Mürbteig herstellen. Zum Schluß die ganzen Haselnüsse unterarbeiten. In gewünschte Teigstücke abwiegen und runde, gleichmäßige Stränge formen. Diese im Kühlschrank gut durchkühlen lassen. In ca. 5 mm dicke Scheiben schneiden, auf Bleche absetzen und abbacken.

Backtemperatur: ca. 180 °C
Backzeit: ca. 20 Minuten
Backverlust: ca. 12 %

Analyse

Diabetiker-Nußknacker

100 g Gebäck enthalten:		Zuckeraustauschstoff Sorbit (kann bei übermäßigem Verzehr abführend wirken)	15 g
verwertbare Kohlenhydrate	31 g	Physiologischer Brennwert:	
verwertbare Eiweißstoffe	9 g	2569 kJ (607 kcal)	(1 BE = 26 g)
verwertbare Fette	43 g		

Diätetisches Lebensmittel mit Süßstoff Saccharin zur besonderen Ernährung bei Diabetes mellitus im Rahmen eines Diätplans.

Mindestens haltbar bis: ____________________

Diabetiker- Spekulatius (maschinelle Fertigung)

Zutaten:

1000 g	„Sionon-Diabetiker-Süße"	
6 g	Spekulatiusgewürz	
4 g	Salz	
800 g	„Delikatess-Back"-Margarine	
250 g	Vollmilch	
2000 g	Weizenmehl, Type 550	ver-
10 g	Ammonium	sieben
4074 g	Diabetiker-Spekulatiusteig	

Herstellung:
Außer Weizenmehl und Ammonium alle Zutaten gut miteinander verarbeiten. Zum Schluß das Weizenmehl-Ammoniumgemisch unterarbeiten. Ca. 1 Tag kühl lagern und maschinell verarbeiten.

Backtemperatur: ca. 200 °C
Backzeit: ca. 10 Minuten
Backverlust: ca. 12 %

Analyse

Diabetiker-Spekulatius

100 g Gebäck enthalten:

verwertbare Kohlenhydrate	42 g
verwertbare Eiweißstoffe	6 g
verwertbare Fette	19 g

Zuckeraustauschstoff Sorbit 28 g
(kann bei übermäßigem Verzehr abführend wirken)
Physiologischer Brennwert:
2014 kJ (475 kcal) (1 BE = 17 g)

Diätetisches Lebensmittel mit Süßstoff Saccharin zur besonderen Ernährung bei Diabetes mellitus im Rahmen eines Diätplans.

Mindestens haltbar bis: ____________

Diabetiker- **Apfelkuchen**

Zutaten:
für 1 Blech 58 × 39 cm
1200 g Diabetiker-Mürbteig (siehe Grundrezept)
2000 g Dunstapfelstücke
140 g Rosinen
70 g „Sionon-Diabetiker-Süße"
etwas Quellmehl
Zimt
800 g Diabetiker-Mürbteig (siehe Grundrezept)

Herstellung:
1200 g Diabetiker-Mürbteig auf 58 × 39 cm ausrollen, auf ein Blech bringen und anbacken. Die Dunstapfelstücke mit den anderen Zutaten vermischen, auf den Diabetiker-Mürbteigboden geben und glattstreichen.
Den Diabetiker-Mürbteig (800 g) auf 58 × 39 cm ausrollen und als Decke über die Äpfel legen. Mit Eistreiche abstreichen und mit einem Garnierkamm riefen. Abbacken.

Backtemperatur: ca. 220 °C
Backzeit: ca. 25 Minuten
Backverlust: ca. 6 %

Analyse

Diabetiker-Apfelkuchen

100 g Gebäck enthalten:		Zuckeraustauschstoff Sorbit (kann bei übermäßigem Verzehr abführend wirken)	10 g
verwertbare Kohlenhydrate	25 g	Physiologischer Brennwert:	
verwertbare Eiweißstoffe	3 g	988 kJ (233 kcal)	(1 BE = 34 g)
verwertbare Fette	9 g		

Diätetisches Lebensmittel mit Süßstoff Saccharin zur besonderen Ernährung bei Diabetes mellitus im Rahmen eines Diätplans.

Diabetiker- **Eierschecke**

Analyse

Diabetiker-Eierschecke

100 g Gebäck enthalten:

verwertbare Kohlenhydrate	14 g
verwertbare Eiweißstoffe	9 g
verwertbare Fette	15 g
Zuckeraustauschstoff Fructose	2 g

Zuckeraustauschstoff Sorbit 19 g
(kann bei übermäßigem Verzehr abführend wirken)

Physiologischer Brennwert:
1284 kJ (303 kcal) (1 BE = 36 g)

Diätetisches Lebensmittel mit Süßstoff Saccharin zur besonderen Ernährung bei Diabetes mellitus im Rahmen eines Diätplans.

Zutaten:
für 1 Blech 58 × 39 cm
800 g Diabetiker-Mürbteig (siehe Grundrezept)
150 g Aprikose-Frischfrucht-Diätbackfrucht (siehe Seite 87)

Diabetiker-Quarkmasse:
1250 g Magerquark
300 g „Sionon-Diabetiker-Süße"
150 g (3) Eier
50 g Krempulver, ca.
130 g aufgelöste „Delikatess-Back"-Margarine
Salz, Zitrone

Diabetiker-Vanille-Krem:
500 g (½ Liter) Vollmilch
50 g Krempulver
250 g „Sionon-Diabetiker-Süße"
Vanille
} kochen

250 g aufgelöste „Delikatess-Back"-Margarine
300 g (6) Eier
Zitrone
} verrühren

250 g Diabetiker-Streusel (siehe Grundrezept)

Herstellung:
Diabetiker-Mürbteig auf 58 × 39 cm ausrollen, auf ein Blech bringen und anbacken. Mit Aprikose-Frischfrucht-Diätbackfrucht bestreichen und einen Vorstecker ansetzen. – Die unter Diabetiker-Quarkmasse aufgeführten Zutaten glattarbeiten und auf den Diabetiker-Mürbteigboden streichen. – Die aufgelöste „Delikatess-Back"-Margarine mit den Eiern und Zitrone verrühren. Dann mit dem gekochten Krem (etwas ausgekühlt) verrühren. Diesen Krem auf die Diabetiker-Quarkmasse geben und glattstreichen. Mit Diabetiker-Streusel bestreuen. Abbacken.
Backtemperatur: ca. 210 °C
Backzeit: ca. 35 Minuten
Backverlust: ca. 10 %

Diabetiker- **Croissants**

Zutaten:
für 4 Bahnen mit je 30 Croissants

3400 g	Weizenmehl, Type 550
150 g	Milchpulver
200 g	(4) Eier
50 g	Salz
200 g	„Delikatess-Back"-Margarine
100 g	„Sionon-Diabetiker-Süße"
200 g	Hefe
1650 g	Wasser
5950 g	Diabetiker-Hefeteig
900 g	„Delikatess-Croissant"-Margarine
6850 g	gezogener Diabetiker-Hefeteig

Herstellung:
Direkte Teigführung. „Delikatess-Croissant"-Margarine in 3 × 3 Touren einziehen und ca. 15 Minuten kühle Teigruhe geben. In 4 Bahnen von je 1700 g abwiegen und jede Bahn 96 × 45 cm ausrollen (Ausrollstärke ca. 3 mm). Am oberen Rand und unteren Rand Längen von 12 cm anzeichnen. Diagonal von links und rechts schneiden und längs halbieren (wie bei „Plunderhörnchen"). Mit Wasser abstreichen. Zu „Hörnchen" wickeln und auf Bleche absetzen. Mit Eistreiche abstreichen. Mit ¾ Gare und etwas Dampf abbacken.

Backtemperatur: ca. 240 °C
Backzeit: ca. 12 Minuten
Backverlust: ca. 16 %

Analyse

Diabetiker-Croissants

100 g Gebäck enthalten:		Zuckeraustauschstoff Sorbit	2 g
verwertbare Kohlenhydrate	44 g		
verwertbare Eiweißstoffe	8 g	Physiologischer Brennwert:	
verwertbare Fette	17 g	1564 kJ (369 kcal)	(1 BE = 26 g)

Diätetisches Lebensmittel mit Süßstoff Saccharin zur besonderen Ernährung bei Diabetes mellitus im Rahmen eines Diätplans.

Diabetiker- **Kopenhagener**

Zutaten:
für 110 Stück à 45 g Teigeinlage

2000 g	Weizenmehl, Type 550
960 g	Wasser
120 g	Hefe
320 g	„Sionon-Diabetiker-Süße"
25 g	Salz
3525 g	Diabetiker-Hefeteig
1500 g	„Delikatess-Zieh"-Margarine
5025 g	Diabetiker-Plunderteig

Diabetiker-Quarkfüllung:

1500 g	Magerquark
200 g	„Sionon-Diabetiker-Süße"
150 g	Weizenpuder
150 g	(3) Eier
200 g	Vollmilch
	Salz
7225 g	Diabetiker-Quarkfüllung

Herstellung Diabetiker-Quarkfüllung:
Alle Zutaten gut verrühren.

Herstellung Diabetiker-Kopenhagener:
Direkte, kalte Teigführung. „Delikatess-Zieh"-Margarine mit drei einfachen Touren in den Diabetiker-Hefeteig einziehen und 10 Minuten Teigruhe geben. Auf ca. 3 mm ausrollen und in Stücke von 11 × 11 cm schneiden. Mit Wasser streichen und entsprechend aufmachen (siehe Foto). Mit Eistreiche abstreichen und die Diabetiker-Quarkfüllung aufspritzen. Mit ¾ Gare backen.

Backtemperatur: ca. 230 °C
Backzeit: ca. 12 Minuten
Backverlust: ca. 13 %

Analyse

Diabetiker-Kopenhagener

100 g Gebäck enthalten:

verwertbare Kohlenhydrate	26 g
verwertbare Eiweißstoffe	8 g
verwertbare Fette	22 g
Zuckeraustauschstoff Sorbit (kann bei übermäßigem Verzehr abführend wirken)	10 g

Physiologischer Brennwert:
1579 kJ (373 kcal) (1 BE = 33 g)

Diätetisches Lebensmittel mit Süßstoff Saccharin zur besonderen Ernährung bei Diabetes mellitus im Rahmen eines Diätplans.

Diabetiker- **Bienenstich,** ungefüllt

Zutaten:
für 1 Blech 58 × 78 cm

1200 g	Weizenmehl, Type 550
35 g	Milchpulver
150 g	„Sionon-Diabetiker-Süße"
150 g	(3) Eier
120 g	Hefe
150 g	„Delikatess-Back"-Margarine
15 g	Salz
450 g	Wasser, ca.
2270 g	Diabetiker-Hefeteig

Diabetiker-Bienenstichmasse, gekocht:

400 g	„Delikatess-Back"-Margarine
360 g	„Sionon-Diabetiker-Süße"
150 g	Vollmilch
360 g	Mandeln, gehackt
1270 g	Diabetiker-Bienenstichmasse

Herstellung:
Den Diabetiker-Hefeteig auf 58 × 78 cm ausrollen und auf ein Blech bringen. Einen Vorstecker ansetzen und die Diabetiker-Bienenstichmasse gleichmäßig aufstreichen. Mit ¾ Gare backen.

Backtemperatur: ca. 220 °C
Backzeit: ca. 12 Minuten
Backverlust: ca. 12 %

Analyse

Diabetiker-Bienenstich, ungefüllt

100 g Gebäck enthalten:

verwertbare Kohlenhydrate	31 g	Zuckeraustauschstoff Sorbit (kann bei übermäßigem Verzehr abführend wirken)	16 g
verwertbare Eiweißstoffe	8 g	Physiologischer Brennwert:	
verwertbare Fette	22 g	1771 kJ (418 kcal)	(1 BE = 25 g)

Diätetisches Lebensmittel mit Süßstoff Saccharin zur besonderen Ernährung bei Diabetes mellitus im Rahmen eines Diätplans.

Mindestens haltbar bis: ____________

Diabetiker- **Berliner Pfannkuchen**

Zutaten:
für 47 Stück

1000 g	Weizenmehl, Type 550
100 g	„Sionon-Diabetiker-Süße"
100 g	„Delikatess-Back"-Margarine
50 g	Vollmilchpulver
150 g	(3) Eier
400 g	Wasser
100 g	Hefe
15 g	Salz
	Zitrone
1915 g	Diabetiker-Hefeteig (1 Ballen = 1200 g Teigeinlage)
260 g	„Delikatess-Vortmin"-Erdnußfett (Fettverbrauch beim Backen im Fettbad)
245 g	Aprikose-Frischfrucht Diätbackfrucht (s. Seite 87) zum Füllen
25 g	„Sionon-Diabetiker-Süße" zum Bestauben

Herstellung:
Direkte Führung, intensive Knetung. Teigtemperatur ca. 26 °C. Teigruhe 2 × 20 Minuten. Zu Ballen abwiegen und etwas angaren lassen. Die Ballen pressen, teilen, rundwirken und auf Gare stellen. Die Teiglinge angaren lassen, etwas flachdrücken und mit ¾ Gare im Fettbad wie üblich backen.
Nach dem Backen mit Aprikose-Frischfrucht-Diätbackfrucht füllen und mit „Sionon-Diabetiker-Süße" bestauben.

Fettbad-Temperatur: ca. 180 °C
Backzeit: ca. 6 Minuten
Backverlust: ca. 13 % – Wird durch die Fettaufnahme beim Backen ausgeglichen.

Analyse

Diabetiker-Berliner Pfannkuchen

100 g Gebäck enthalten:

verwertbare Kohlenhydrate	36 g
verwertbare Eiweißstoffe	6 g
verwertbare Fette	15 g
Zuckeraustauschstoff Fructose	5 g
Zuckeraustauschstoff Sorbit	5 g

Physiologischer Brennwert:
1386 kJ (327 kcal) (1 BE = 29 g)

Diätetisches Lebensmittel mit Süßstoff Saccharin zur besonderen Ernährung bei Diabetes mellitus im Rahmen eines Diätplans.

Diabetiker- **Zwieback**

Zutaten:
1000 g Weizenmehl, Type 550
30 g Vollmilchpulver
150 g „Sionon-Diabetiker-Süße"
100 g (2) Eier
100 g Hefe
100 g „Delikatess-Back"-Margarine
10 g Salz
400 g Wasser

1890 g Diabetiker-Hefeteig

Herstellung:
Direkte Führung, intensive Knetung. Teigruhe 20 Minuten. **Ballengewicht** = 1500 g = 30 Teiglinge à 50 g.
Teiglinge länglich wirken (wie Schnittbrötchen) und mit der Breitseite aneinander als Strang auf ein Blech legen. Mit Wasser abstreichen und mit ¾ Gare backen. – Nach einem Tag wie Zwieback schneiden, mit der Schnittfläche auf Bleche legen und beidseitig rösten.

Backtemperatur: ca. 210 °C
Backzeit: ca. 15 Minuten
Backverlust: ca. 10 %
Röstverlust: ca. 25 %

Analyse

Diabetiker-Zwieback

100 g Gebäck enthalten:		Zuckeraustauschstoff Sorbit (kann bei übermäßigem Verzehr abführend wirken)	12 g
verwertbare Kohlenhydrate	59 g	Physiologischer Brennwert:	
verwertbare Eiweißstoffe	10 g	1681 kJ (396 kcal)	(1 BE = 17 g)
verwertbare Fette	8 g		

Diätetisches Lebensmittel mit Süßstoff Saccharin zur besonderen Ernährung bei Diabetes mellitus im Rahmen eines Diätplans.

Mindestens haltbar bis: ______________________

Diabetiker- **Weihnachtsstollen**

Zutaten:
für 10 Stollen à 500 g Teigeinlage

1800 g	Weizenmehl, Type 550
200 g	Hefe
500 g	Wasser
80 g	Vollmilchpulver
750 g	„Delikatess-Back"-Margarine
350 g	„Sionon-Diabetiker-Süße"
25 g	Salz
200 g	(4) Eier
ca. 8 g	Stollengewürz
	Zitrone
600 g	Rosinen
450 g	gehackte Mandeln
100 g	Rum zum Tränken
5063 g	Diabetiker-Stollenteig
150 g	„Delikatess-Vortmin"-Erdnußfett zum Fetten
100 g	„Sionon-Diabetiker-Süße" zum Bestauben

Herstellung:
Indirekte Führung. Von Wasser, Hefe und einem Teil des Mehls einen mittelfesten Ansatz herstellen.
Unter den reifen Ansatz die restlichen Zutaten (außer Früchte) unterarbeiten. Teigruhe 2 × 20 Minuten. Dann die getränkten Früchte unterarbeiten.
Den Diabetiker-Stollenteig abwiegen und wie Stollen aufmachen. Abbacken.
Die Diabetiker-Stollen können frei, in Stollenringen oder unter Stollenhauben gebacken werden.
Nach dem Backen mit „Delikatess-Vortmin"-Erdnußfett fetten und mit „Sionon-Diabetiker-Süße" bestauben.

Backtemperatur: ca. 200 °C
Backzeit: ca. 45 Minuten
Backverlust: ca. 10 %

Analyse

Diabetiker-Weihnachtsstollen

100 g Gebäck enthalten:		Zuckeraustauschstoff Sorbit	9 g
verwertbare Kohlenhydrate	38 g		
verwertbare Eiweißstoffe	7 g	Physiologischer Brennwert:	
verwertbare Fette	22 g	1754 kJ (414 kcal)	(1 BE = 25 g)

Diätetisches Lebensmittel mit Süßstoff Saccharin zur besonderen Ernährung bei Diabetes mellitus im Rahmen eines Diätplans.

Mindestens haltbar bis: ______________

Diabetiker- **Rodonkuchen**

Zutaten:

300 g	„Delikatess-Back"-Margarine	
350 g	„Sionon-Diabetiker-Süße"	
300 g	(6) Eier	
	Salz, Zitrone, Vanille	
350 g	Weizenmehl, Type 550	ver-sieben
100 g	Weizenpuder	
15 g	Backpulver	
1315 g	Diabetiker-Rührmasse	

Herstellung:
„Delikatess-Back"-Margarine, „Sionon-Diabetiker-Süße" und Geschmacksstoffe schaumig rühren. Die Eier und das Backpulver-Mehl-Gemisch anteilig zugeben. In Formen einfüllen und backen.

Backtemperatur: ca. 200 °C
Backzeit: nach Einwaage
Backverlust: ca. 10 %

Analyse

Diabetiker-Rodonkuchen

100 g Gebäck enthalten:

verwertbare Kohlenhydrate	29 g
verwertbare Eiweißstoffe	7 g
verwertbare Fette	24 g

Zuckeraustauschstoff Sorbit 21 g
(kann bei übermäßigem Verzehr abführend wirken)
Physiologischer Brennwert:
1881 kJ (444 kcal) (1 BE = 24 g)

Diätetisches Lebensmittel mit Süßstoff Saccharin zur besonderen Ernährung bei Diabetes mellitus im Rahmen eines Diätplans.

Mindestens haltbar bis: ______________

Diabetiker-
Nußkuchen

Zutaten:

300 g „Vortella-Back"-Margarine		
250 g „Sionon-Diabetiker-Süße"		
Salz, Vanille		
300 g (6) Eier		
350 g Weizenmehl, Type 550	}	versieben
100 g Weizenpuder	}	
15 g Backpulver	}	
130 g gemahlene, geröstete Haselnüsse		
1445 g Diabetiker-Nuß-Rührmasse		

Herstellung:
„Delikatess-Back"-Margarine, „Sionon-Diabetiker-Süße" und Geschmacksstoffe schaumig rühren. Die Eier und die versiebten Zutaten nach und nach anteilig zugeben. Zum Schluß die gemahlenen Haselnüsse unterziehen. In Formen einfüllen und backen.

Backtemperatur: ca. 200 °C
Backzeit: nach Einwaage
Backverlust: ca. 10 %

Analyse

Diabetiker-Nußkuchen

100 g Gebäck enthalten:

verwertbare Kohlenhydrate	28 g
verwertbare Eiweißstoffe	7 g
verwertbare Fette	27 g
Zuckeraustauschstoff Sorbit (kann bei übermäßigem Verzehr abführend wirken)	19 g

Physiologischer Brennwert:
1944 kJ (459 kcal) (1 BE = 25 g)

Diätetisches Lebensmittel mit Süßstoff Saccharin zur besonderen Ernährung bei Diabetes mellitus im Rahmen eines Diätplans.

Mindestens haltbar bis: ______________

Diabetiker- **Marmorkuchen**

Zutaten:

300 g	„Delikatess-Back"-Margarine	
250 g	„Sionon-Diabetiker-Süße"	
	Salz, Vanille	
300 g	(6) Eier	
350 g	Weizenmehl, Type 550	ver-
100 g	Weizenpuder	sieben
115 g	Backpulver	
1415 g	Diabetiker-Rührmasse, hell	
25 g	Kakaopulver (stark entölt, 11 % Kakaobutter)	

Herstellung:
„Delikatess-Back"-Margarine, „Sionon-Diabetiker-Süße" und Geschmacksstoffe schaumig rühren. Die Eier und das Backpulver-Mehl-Gemisch anteilig zugeben. Im Massenverhältnis in Formen einfüllen und backen.

Diabetiker-Marmorkuchen-Massenverhältnis:
2 Teile Diabetiker-Rührmasse, hell
1 Teil Diabetiker-Rührmasse, Schoko

Diabetiker-Schoko-Rührmasse:
auf 100 g Masse ca. 5 g Kakaopulver

Backtemperatur: ca. 200 °C
Backzeit: nach Einwaage
Backverlust: ca. 10 %

Analyse

Diabetiker-Marmorkuchen

100 g Gebäck enthalten:

verwertbare Kohlenhydrate	29 g
verwertbare Eiweißstoffe	7 g
verwertbare Fette	24 g

Zuckeraustauschstoff Sorbit 21 g
(kann bei übermäßigem Verzehr abführend wirken)
Physiologischer Brennwert:
1881 kJ (444 kcal) (1 BE = 24 g)

Diätetisches Lebensmittel mit Süßstoff Saccharin zur besonderen Ernährung bei Diabetes mellitus im Rahmen eines Diätplans.

Mindestens haltbar bis: ____________

Diabetiker- **Obstkuchen**

Analyse

Diabetiker-Obstkuchen

100 g Gebäck enthalten:		
verwertbare Kohlenhydrate	27 g	
verwertbare Eiweißstoffe	4 g	
verwertbare Fette	17 g	
Zuckeraustauschstoff Fructose	2 g	
Zuckeraustauschstoff Sorbit (kann bei übermäßigem Verzehr abführend wirken)	15 g	
Physiologischer Brennwert: 1428 kJ (337 kcal)		(1 BE = 28 g)

Diätetisches Lebensmittel mit Süßstoff Saccharin zur besonderen Ernährung bei Diabetes mellitus im Rahmen eines Diätplans.

Zutaten:
für 1 Blech 58 × 39 cm

800 g Diabetiker-Mürbteig (siehe Grundrezept)
150 g Aprikose-Frischfrucht-Diätbackfrucht (s. Seite 87)

Diabetiker-Rührmasse:

500 g „Delikatess-Back"-Margarine
400 g „Sionon-Diabetiker-Süße"
6 g Salz
Zitrone, Vanille
500 g (10) Eier
300 g Weizenmehl, Type 550 } ver-
300 g Weizenpuder } sieben
20 g Backpulver }

2026 g Diabetiker-Rührmasse
1000 g Obst (Dunstsauerkirschen oder ungezuckerte Aprikosen)
250 g Diabetiker-Streusel (siehe Grundrezept)

Herstellung Diabetiker-Rührmasse:
„Delikatess-Back"-Margarine, „Sionon-Diabetiker-Süße", Salz und Geschmacksstoffe schaumig rühren. Die Eier und die versiebten Zutaten nach und nach anteilig zugeben.

Herstellung Diabetiker-Obstkuchen:
Diabetiker-Mürbteig auf 58 × 39 cm ausrollen, auf ein Blech bringen und anbacken. Mit Aprikose-Frischfrucht-Diätfrucht bestreichen und einen Vorstecker ansetzen.
Die Diabetiker Rührmasse auf den Diabetiker-Mürbteigboden streichen und die Dunstsauerkirschen aufstreichen oder die Aprikosenhälften auflegen. Mit Diabetiker-Streusel bestreuen und abbacken.

Backtemperatur: ca. 210 °C
Backzeit: ca. 30 Minuten
Backverlust: ca. 5 %

Diabetiker-
Obsttorte, gebacken

Zutaten:
für 1 Torte 26 cm Durchmesser

100 g	„Delikatess-Back"-Margarine	
100 g	„Sionon-Diabetiker-Süße"	
	Salz, Zitrone	
150 g	(3) Eier	
200 g	Weizenmehl, Type 550	ver-
8 g	Backpulver	sieben
558 g	Diabetiker-Rührmasse	
400 g	Dunstapfelstücke oder Dunstsauerkirschen	
75 g	„Delikatess-Creme"-Margarine zum Belegen	
20 g	gehobelte Mandeln zum Bestreuen	

Herstellung Diabetiker-Rührmasse:
„Delikatess-Back"-Margarine, „Sionon-Diabetiker-Süße" und Geschmacksstoffe schaumig rühren. Die Eier und das Weizenmehl-Backpulver-Gemisch anteilig zugeben.

Herstellung Diabetiker-Obsttorte:
Einen 26er Ring fetten und auf ein Blech setzen. Die Diabetiker-Rührmasse einfüllen und glattstreichen. Die Apfelstücke bzw. die Dunstsauerkirschen auf die Masse geben. Zum Schluß mit „Delikatess-Creme"-Margarine belegen und mit gehobelten Mandeln bestreuen.

Backtemperatur: ca. 200 °C
Backzeit: ca. 30 Minuten
Backverlust: ca. 15 %

Analyse

Diabetiker-Obsttorte, gebacken

100 g Gebäck enthalten:

verwertbare Kohlenhydrate	22 g
verwertbare Eiweißstoffe	5 g
verwertbare Fette	19 g

Zuckeraustauschstoff Sorbit 11 g
(kann bei übermäßigem Verzehr abführend wirken)
Physiologischer Brennwert:
1268 kJ (323 kcal) (1 BE = 36 g)

Diätetisches Lebensmittel mit Süßstoff Saccharin zur besonderen Ernährung bei Diabetes mellitus im Rahmen eines Diätplans.

Diabetiker- **Sandspritzgebäck**

Zutaten:

600 g „Delikatess-Back"-Margarine
360 g „Sionon-Diabetiker-Süße"
200 g (4) Eier
200 g Vollmilch
Salz, Vanille
1000 g Weizenmehl, Type 550

2360 g Diabetiker-Sandspritzmasse

Herstellung:

Außer Weizenmehl alle Zutaten schaumig rühren. Zum Schluß das Weizenmehl unterrühren. Die Diabetiker-Sandspritzmasse auf gefettete, gemehlte Bleche dressieren und backen.

Backtemperatur: ca. 200 °C
Backzeit: ca. 12 Minuten
Backverlust: ca. 17 %

Analyse

Diabetiker-Sandspritzgebäck

100 g Gebäck enthalten:

verwertbare Kohlenhydrate	38 g
verwertbare Eiweißstoffe	7 g
verwertbare Fette	27 g

Zuckeraustauschstoff Sorbit 18 g
(kann bei übermäßigem Verzehr abführend wirken)

Physiologischer Brennwert:
2097 kJ (495 kcal) (1 BE = 21 g)

Diätetisches Lebensmittel mit Süßstoff Saccharin zur besonderen Ernährung bei Diabetes mellitus im Rahmen eines Diätplans.

Mindestens haltbar bis: ________________

Diabetiker- **Kokosgebäck**

Zutaten:

225 g „Delikatess-Back"-Margarine
200 g „Sionon-Diabetiker-Süße"
Salz, Vanille
200 g (4) Eier
250 g Weizenmehl, Type 550 } ver-
120 g Weizenpuder } sieben
15 g Backpulver }
200 g Kokosraspel, fein

1210 g Diabetiker-Kokosmasse

Herstellung:

„Delikatess-Back"-Margarine, „Sionon-Diabetiker-Süße" und Gewürze schaumig rühren. Die Eier und das Mehlgemisch anteilig zugeben. Zum Schluß die Kokosraspel unterziehen. Mit einem Spritzbeutel und großer Lochtülle die Diabetiker-Kokosmasse auf gefettete, gemehlte Bleche als Tupfen aufdressieren.

Backtemperatur: ca. 200 °C
Backzeit: ca. 10–15 Minuten
Backverlust: ca. 18 %

Analyse

Diabetiker-Kokosgebäck

100 g Gebäck enthalten:

verwertbare Kohlenhydrate	36 g
verwertbare Eiweißstoffe	7 g
verwertbare Fette	36 g

Zuckeraustauschstoff Sorbit 21 g
(kann bei übermäßigem Verzchr abführend wirken)
Physiologischer Brennwert:
2456 kJ (580 kcal) (1 BE = 21 g)

Diätetisches Lebensmittel mit Süßstoff Saccharin zur besonderen Ernährung bei Diabetes mellitus im Rahmen eines Diätplans.

Mindestens haltbar bis: ____________________

Diabetiker-
Eierplätzchen

Zutaten:
400 g (8) Eier
500 g „Sionon-Diabetiker-Süße"
500 g Weizenmehl, Type 550

1400 g Diabetiker-Eiermasse

Herstellung:
Eier und „Sionon-Diabetiker-Süße" warm (ca. 60 °C) und kalt schlagen. Das Weizenmehl sieben und unter die Masse ziehen. – Mit einer Lochtülle auf gefettete, gemehlte Bleche Tupfen dressieren. Abbacken.

Backtemperatur: ca. 210 °C
Backzeit: ca. 8 Minuten
Backverlust: ca. 25 %

Analyse

Diabetiker-Eierplätzchen

100 g Gebäck enthalten:		Zuckeraustauschstoff Sorbit 48 g (kann bei übermäßigem Verzehr abführend wirken)
verwertbare Kohlenhydrate	36 g	
verwertbare Eiweißstoffe	10 g	Physiologischer Brennwert:
verwertbare Fette	5 g	1809 kJ (421 kcal) (1 BE = 14 g)

Diätetisches Lebensmittel mit Süßstoff Saccharin zur besonderen Ernährung bei Diabetes mellitus im Rahmen eines Diätplans.

Mindestens haltbar bis: ______________

Diabetiker-
Baumkuchen

Zutaten:
für eine 60-cm-Walze

Masse I:
400 g Butter
200 g „Sionon-Diabetiker-Süße"
100 g Diabetiker-Marzipan MODF (s. Seite 88)
Salz, Vanille, Zitrone
440 g (22) Eigelbe

Masse II:
660 g (22) Eiweiß
180 g „Sionon-Diabetiker-Süße"

250 g Weizenstärke
100 g Weizenmehl, Type 550
} versieben

2330 g Diabetiker-Baumkuchen-Masse
600 g Diabetiker-Kuvertüre 60/40/38 Di 68 (s. Seite 88) als Überzug

Herstellung:
Masse I schaumig rühren und die Eigelbe nach und nach zugeben. Masse II zu Eiweißschnee schlagen. Den Eiweißschnee unter Masse I ziehen und das Weizenmehl-Stärke-Gemisch untermelieren, bis eine gleichmäßige Bindung entstanden ist. Die Masse schichtweise auf vorgeheizter Walze backen. Nach dem Auskühlen den Diabetiker-Baumkuchen in 4 gleiche Stücke schneiden und mit temperierter Diabetiker-Kuvertüre überziehen.

Backtemperatur: volle Stärke
Backzeit: ca. 20 Minuten
Backverlust: ca. 18 %

Analyse

Diabetiker-Baumkuchen

100 g Gebäck enthalten:			
verwertbare Kohlenhydrate	25 g	Zuckeraustauschstoff Sorbit (kann bei übermäßigem Verzehr abführend wirken)	15 g
verwertbare Eiweißstoffe	8 g		
verwertbare Fette	29 g	Physiologischer Brennwert:	
Zuckeraustauschstoff Fructose	11 g	1918 kJ (453 kcal)	(1 BE = 30 g)

Diätetisches Lebensmittel mit Süßstoff Saccharin zur besonderen Ernährung bei Diabetes mellitus im Rahmen eines Diätplans.

Mindestens haltbar bis: ______________

Diabetiker-
Quark-Sahne-Torte

Zutaten:
für 1 Torte 26 cm Durchmesser
150 g Diabetiker-Mürbteig (siehe Grundrezept)
30 g Aprikose-Frischfrucht-Diätbackfrucht (s. Seite 87)
175 g Diabetiker-Biskuitboden (siehe Grundrezept) 2 Böden von 1 cm Durchmesser
100 g Dunstsauerkirschen
15 g „Sionon-Diabetiker-Süße" zum Bestauben

Diabetiker-Quark-Sahne:
375 g Magerquark
40 g (2) Eigelbe
100 g „Sionon-Diabetiker-Süße" Zitrone
5 Blatt aufgelöste Gelatine
450 g geschlagene Sahne

Herstellung Diabetiker-Quark-Sahne:
Magerquark, Eigelbe, „Sionon-Diabetiker-Süße" und Zitrone verrühren. Die warme, aufgelöste Gelatine unterrühren und zum Schluß die aufgeschlagene Sahne unterziehen.

Herstellung Diabetiker-Quark-Sahne-Torte:
Vom Diabetiker-Mürbteig einen Boden von 26 cm Durchmesser herstellen, backen und mit einem Tortenring umstellen. Den Boden mit Aprikose-Frischfrucht-Diätbackfrucht bestreichen und einen 1 cm starken Diabetiker-Biskuitboden einlegen. Dunstsauerkirschen einstreuen, die Diabetiker-Quark-Sahne einfüllen und mit dem zweiten Diabetiker-Biskuitboden abdecken. Torte absteifen lassen, Ring lösen und abziehen. Mit „Sionon-Diabetiker-Süße" bestauben und in 16 Stücke einteilen.

Analyse

Diabetiker-Quark-Sahne-Torte

100 g Gebäck enthalten:

verwertbare Kohlenhydrate	10 g
verwertbare Eiweißstoffe	8 g
verwertbare Fette	14 g
Zuckeraustauschstoff Fructose	1 g
Zuckeraustauschstoff Sorbit (kann bei übermäßigem Verzehr abführend wirken)	14 g

Physiologischer Brennwert: 1076 kJ (254 kcal) (1 BE = 50 g)

Diätetisches Lebensmittel mit Süßstoff Saccharin zur besonderen Ernährung bei Diabetes mellitus im Rahmen eines Diätplans.

Diabetiker-
Schwarzwälder-Sahnetorte

Zutaten:
für 1 Torte 26 cm Durchmesser
150 g Diabetiker-Mürbteig (siehe Grundrezept)
30 g Aprikose-Frischfrucht-Diätbackfrucht (s. Seite 87)
250 g Diabetiker-Biskuitboden (siehe Grundrezept) 3 Böden von 1 cm Stärke
350 g abgebundene Diabetiker-Dunstsauerkirschen (s. Grundrezept)

Diabetiker-Kirschwasser-Sahne:
600 g Sahne mit } aufschlagen
40 g „Sionon-Diabetiker-Süße" }
30 ccm Schwarzwälder Kirschwasser
10 g (5 Blatt) aufgelöste Gelatine

Dekor:
15 g gehobelte, geröstete Mandeln
10 g Späne von Diabetiker-Kuvertüre, zartbitter, 60/40/38 DI 68 (s. Seite 88)
16 Stück Dunstsauerkirschen

Herstellung Diabetiker-Kirschwasser-Sahne:
Die aufgelöste warme Gelatine mit dem Schwarzwälder-Kirschwasser verrühren und die geschlagene Sahne unterziehen.

Herstellung Diabetiker-Schwarzwälder-Sahnetorte:
Vom Diabetiker-Mürbteig einen Boden von 26 cm Durchmesser herstellen und backen. Mit Aprikose-Frischfrucht-Diätbackfrucht bestreichen und einen 1 cm starken Diabetiker-Biskuitboden auflegen. Die abgebundenen Diabetiker-Dunstsauerkirschen aufstreichen und mit dem zweiten Diabetiker-Biskuitboden abdecken. 400 g Sahnefond kuppelförmig aufstreichen und mit dem dritten Diabetiker-Biskuitboden abdekken. Mit dem restlichen Sahne-Fond die Torte einstreichen, in 16 Stück einteilen und ausgarnieren. Den Rand mit gehobelten, gerösteten Mandeln einrändern. Die Kuppel der Torte mit Diabetiker-Kuvertürespäne bestreuen. Jede Rosette mit einer Dunstsauerkirsche belegen.

Analyse

Diabetiker-Schwarzwälder-Sahnetorte

100 g Gebäck enthalten:

verwertbare Kohlenhydrate	15 g	Zuckeraustauschstoff Sorbit (kann bei übermäßigem Verzehr abführend wirken)	9 g
verwertbare Eiweißstoffe	4 g		
verwertbare Fette	17 g	Physiologischer Brennwert:	
Zuckeraustauschstoff Fructose	1 g	1122 kJ (265 kcal)	(1 BE = 50 g)

Diätetisches Lebensmittel mit Süßstoff Saccharin zur besonderen Ernährung bei Diabetes mellitus im Rahmen eines Diätplans.

Diabetiker- **Nußkrem-Torte**

Zutaten:
für 1 Torte 26 cm Durchmesser
150 g Diabetiker-Mürbteig
(siehe Grundrezept)
250 g Diabetiker-Biskuitboden
(siehe Grundrezept)
= 3 Böden von 1 cm Stärke
650 g Diabetiker-Krem
(siehe Grundrezept)
zum Füllen und Garnieren
30 g geröstete, gemahlene Haselnüsse

Dekor:
10 g geröstete, gemahlene Haselnüsse
zum Einrändern
10 g (16 Stück) Haselnüsse

Herstellung:
Vom Diabetiker-Mürbteig einen Boden von 26 cm Durchmesser herstellen und backen. Mit ca. 50 g Diabetiker-Krem bestreichen und einen 1 cm starken Diabetiker-Biskuitboden auflegen. Vom Diabetiker-Krem 350 g abnehmen und die 30 g gemahlenen Nüsse unterziehen. Die Torte mit den restlichen zwei Diabetiker-Biskuitböden zusammensetzen. Vom restlichen Diabetiker-Krem die Torte einstreichen und 16 Stück ausgarnieren. Den Rand mit gemahlenen Nüssen absetzen und jedes Stück mit einer Haselnuß belegen.

Analyse

Diabetiker-Nußkrem-Torte

100 g Gebäck enthalten:

verwertbare Kohlenhydrate	12 g	Zuckeraustauschstoff Sorbit (kann bei übermäßigem Verzehr abführend wirken)	24 g
verwertbare Eiweißstoffe	4 g	Physiologischer Brennwert:	
verwertbare Fette	26 g	1668 kJ (394 kcal)	(1 BE = 33 g)

Diätetisches Lebensmittel mit Süßstoff Saccharin zur besonderen Ernährung bei Diabetes mellitus im Rahmen eines Diätplans.

Diabetiker-
Zitronen-Sahne-Roulade

Zutaten:
für 1 Roulade 58 × 39 cm

120 g	(6) Eigelbe	aufschlagen
25 g	Wasser	
120 g	„Sionon-Diabetiker-Süße"	
180 g	(6) Eiweiße zu Schnee schlagen	
90 g	Weizenmehl, Type 550	versieben
2 g	Backpulver	
537 g	Diabetiker-Rouladenmasse	

Zutaten Diabetiker-Zitronen-Sahne:

600 g	Sahne	aufschlagen
45 g	„Sionon-Diabetiker-Süße"	
	Zitrone	
10 g	(5 Blatt) aufgelöste Gelantine	

Herstellung Diabetiker-Zitronen-Sahne:
Die aufgelöste warme Gelatine mit Zitrone verrühren und die geschlagene Sahne unterziehen.

Herstellung Diabetiker-Zitronen-Roulade:
Unter die aufgeschlagenen Zutaten den Eiweißschnee ziehen und das Weizenmehl-Backpulver-Gemisch untermelieren. Rouladenmasse auf Papier streichen und flott abbacken. Nach dem Auskühlen Papier abziehen und Sahnefüllung aufstreichen. Wickeln wie üblich. Absteifen lassen und in gewünschte Stückgrößen schneiden.

Backtemperatur: ca. 250 °C
Backzeit: ca. 5 Minuten
Backverlust: ca. 31 %

Analyse

Diabetiker-Zitronen-Sahne-Roulade

100 g Gebäck enthalten:

verwertbare Kohlenhydrate	8 g
verwertbare Eiweißstoffe	7 g
verwertbare Fette	22 g
Zuckeraustauschstoff Sorbit (kann bei übermäßigem Verzehr abführend wirken)	16 g

Physiologischer Brennwert:
1363 kJ (322 kcal) (1 BE = 50 g)

Diätetisches Lebensmittel mit Süßstoff Saccharin zur besonderen Ernährung bei Diabetes mellitus im Rahmen eines Diätplans.

Diabetiker-
Windbeutel mit Sahne

Zutaten:
für 30 Windbeutel (siehe Grundrezept)

Diabetiker-Sahne:

1000 g	(1 Liter) Sahne	auf-
70 g	„Sionon-Diabetiker-Süße"	schla-
		gen
30 g	„Sionon-Diabetiker-Süße" zum Bestauben	

Herstellung:
Diabetiker-Windbeutel aufschneiden und mit Diabetiker-Sahne (ca. 35 g) füllen. Den Deckel mit „Sionon-Diabetiker-Süße" bestauben und auf die Sahne setzen.

Analyse

Diabetiker-Windbeutel mit Sahne

100 g Gebäck enthalten:		Zuckeraustauschstoff Sorbit	4 g
verwertbare Kohlenhydrate	11 g		
verwertbare Eiweißstoffe	5 g	Physiologischer Brennwert:	
verwertbare Fette	29 g	1442 kJ (341 kcal)	(1 BE = 80 g)

Diätetisches Lebensmittel mit Süßstoff Saccharin zur besonderen Ernährung bei Diabetes mellitus im Rahmen eines Diätplans.

Diabetiker- **Käsetorte,** gebacken

Zutaten:
für 1 Torte 26 cm Durchmesser
200 g Diabetiker-Mürbteig (siehe Grundrezept)
30 g Aprikose-Frischfrucht-Diätbackfrucht (s. Seite 87)

Diabetiker-Käsemasse:
600 g Magerquark
250 g (¼ Liter) Vollmilch
140 g „Sionon-Diabetiker-Süße"
85 g Weizenpuder
40 g aufgelöste „Delitatess-Back"-Margarine
80 g (4) Eigelbe
Salz, Zitrone
120 g (4) Eiweiße } zu Schnee
70 g „Sionon-Diabetiker-Süße" } zu Schnee
40 g Weizenpuder unter den Schnee ziehen

1425 g Diabetiker-Käsemasse

Herstellung Diabetiker-Käsemasse:
Außer Eiweißschnee alle Zutaten gut verrühren und dann den mit Weizenpuder stabilisierten Eiweißschnee unter die Diabetiker-Käsemasse ziehen.

Herstellung Diabetiker-Käsetorte:
Vom Diabetiker-Mürbteig einen Boden von 26 cm Durchmesser herstellen und anbacken. Mit einem Tortenring umstellen und den Boden mit Aprikose-Frischfrucht-Diätbackfrucht einstreichen. Die Diabetiker-Käsemasse einfüllen und die Torte backen. Nach leichter Bräunung mit einem spitzen Messer am Rand schräg einschneiden. Backprozeß 2–3 mal ca. 5 Minuten unterbrechen. (Diabetiker-Käsemasse darf nicht kochen.) Nach dem Backen auf ein Gitter stürzen und nach dem Auskühlen aus dem Ring schneiden.

Backtemperatur: ca. 210 °C
Backzeit: ca. 60–70 Minuten
Backverlust: ca. 7 %

Analyse

Diabetiker-Käsetorte, gebacken

100 g Gebäck enthalten:

verwertbare Kohlenhydrate	16 g
verwertbare Eiweißstoffe	9 g
verwertbare Fette	6 g
Zuckeraustauschstoff Fructose	1 g
Zuckeraustauschstoff Sorbit (kann bei übermäßigem Verzehr abführend wirken)	16 g

Physiologischer Brennwert:
925 kJ (218 kcal) (1 BE = 37 g)

Diätetisches Lebensmittel mit Süßstoff Saccharin zur besonderen Ernährung bei Diabetes mellitus im Rahmen eines Diätplans.

Diabetiker-
Quarkstuten

Zutaten:
für 10 Stück à 450 g Teigeinlage

400 g	„Delikatess-Back"-Margarine	
600 g	„Sionon-Diabetiker-Süße"	
800 g	Magerquark	
400 g	(8) Eier	
15 g	Salz	
25 g	Zitrone	
100 g	Vollmilch, ca.	
1500 g	Weizenmehl, Type 550	versieben
75 g	Backpulver	
650 g	Rosinen	
4565 g	Diabetiker-Quarkteig	
150 g	„Delikatess-Vortmin"-Erdnußfett zum Fetten	
125 g	„Sionon-Diabetiker-Süße" zum Bestauben	

Herstellung:
Außer Weizenmehl, Backpulver und Rosinen alle Zutaten miteinander glattrühren. Dann das Weizenmehl-Backpulvergemisch und zum Schluß die Rosinen unterarbeiten.
In 450 g Teigstücke abwiegen, aufmachen und sofort abbacken. Nach dem Backen mit „Delikatess-Vortmin"-Erdnußfett fetten und mit „Sionon-Diabetiker-Süße" bestauben.

Backtemperatur: ca. 200 °C
Backzeit: ca. 30 Minuten
Backverlust: ca. 9 %

Analyse

Diabetiker-Quarkstuten

100 g Gebäck enthalten:			
verwertbare Kohlenhydrate	35 g	Zuckeraustauschstoff Sorbit (kann bei übermäßigem Verzehr abführend wirken)	12 g
verwertbare Eiweißstoffe	8 g	Physiologischer Brennwert:	
verwertbare Fette	12 g	1391 kJ (328 kcal)	(1 BE = 26 g)

Diätetisches Lebensmittel mit Süßstoff Saccharin zur besonderen Ernährung bei Diabetes mellitus im Rahmen eines Diätplans.

Mindestens haltbar bis: ________________

Diabetiker-
Schweineohren

Zutaten:
für 30 Stück
1100 g Blätterteig (herkömmlich, aber ohne Zucker), hergestellt mit „Delikatess-Zieh"-Margarine
200 g Fruchtzucker zum Ausrollen und Einstreuen

Herstellung:
Den Blätterteig in einen Teil des Fruchtzuckers 70 cm lang und 30 cm breit ausrollen. Mit dem Rest des Fruchtzuckers bestreuen und von links und rechts zweimal den Blätterteig zur Mitte bis auf 2 cm einschlagen. Die eine Seite auf die andere Seite überklappen und 30 Schweineohren von 1 cm Breite schneiden. Die Schweineohren mit der Schnittfläche locker auf gefettete Bleche legen. Beidseitig backen.

Backtemperatur: ca. 200 °C
Backzeit: ca. 20 Minuten
Backverlust: ca. 23 %

Analyse

Diabetiker-Schweineohren

100 g Gebäck enthalten:		Zuckeraustauschstoff Fructose	21 g
verwertbare Kohlenhydrate	52 g		
verwertbare Eiweißstoffe	5 g	Physiologischer Brennwert:	
verwertbare Fette	35 g	2300 kJ (543 kcal)	(1 BE = 23 g)

Diätetisches Lebensmittel mit Süßstoff Saccharin zur besonderen Ernährung bei Diabetes mellitus im Rahmen eines Diätplans.

Mindestens haltbar bis: ______________________

Wichtiges über Vollkornmehle

von Dr. Hindrich von Zeddelmann

Die Einstellung des Verbrauchers zu seiner Ernährung hat in den letzten Jahren eine grundlegende Wandlung erfahren. Sensibilisiert durch zahlreiche Skandale, aber auch durch kritische Einstellung zur herkömmlichen Ernährungsweise hat das Interesse an vollwertigen Nahrungsmitteln erheblich zugenommen. Auch die sogenannten Bio-Läden haben zu dieser Entwicklung beigetragen.

Auch das Backgewerbe kann sich diesem Trend nicht verschließen, will es nicht noch mehr Kunden an Geschäfte verlieren, die häufig den Verbraucher bewußt verunsichern, um ihre Umsätze zu steigern. Hierzu gehört auch das zunehmende Interesse des Verbrauchers an Vollkornerzeugnissen. Allerdings ist andererseits häufig eine große Begriffsverwirrung festzustellen – und dies nicht nur beim Verbraucher –, wobei unterschiedliche Vorstellungen über den Begriff „Vollkornerzeugnisse" oder richtiger „Vollkornmahlerzeugnisse" herrschen. Dazu gehört auch, daß Weizen- und Roggenbackschrote mit den Typen W 1700 und R 1800 oft als Vollkornmahlerzeugnisse angesehen werden, obwohl beiden die Keimlinge, die ja zum vollen Korn gehören, fehlen. Die entsprechenden Vorschriften besagen, daß Vollkornmahlerzeugnisse **sämtliche** Bestandteile des Kornes enthalten müssen. Lediglich Teile der Fruchtschale dürfen bei der notwendigen intensiven Oberflächenreinigung entfernt werden. – **Vollkornschrote** und **Vollkornmehle** enthalten die gleichen Bestandteile, unterscheiden sich also nur durch den Feinheitsgrad. Weiterhin ist für Hersteller von Vollkornbackwaren zu beachten, daß die Bezeichnung „Vollkornbackware" o. ä. nur erlaubt ist, wenn mindestens 90 % der verwendeten Mahlerzeugnisse in der Rezeptur Vollkornmahlerzeugnisse sind.

Der Wert der Vollkornmahlerzeugnisse besteht in einem höheren Gehalt an Ballaststoffen, Mineralstoffen und Vitaminen im Vergleich zu den höher ausgemahlenen Produkten. Auch das Eiweiß ist hochwertiger durch den höheren Lysingehalt, der aus der Schale stammt.

Backwaren aus dem vollen Korn sind hervorragend geeignet, die Versorgung des Menschen mit Vitaminen des B-Komplexes zu sichern. Auch die hohen Mengen an Calcium und Eisen helfen, die im Ernährungsbericht der Deutschen Gesellschaft für Ernährung erwähnte Mangelversorgung zu beheben. Schließlich sei auf den hohen Ballaststoffgehalt von Vollkornmahlerzeugnissen hingewiesen. Diese Ballaststoffe tragen in hohem Maße zu einer geregelten Darmtätigkeit bei. Für den **Diabetiker** nun haben Backwaren aus Vollkornmahlerzeugnissen eine zusätzliche Bedeutung. Man weiß, daß die Kohlenhydrate derartiger Produkte besonders langsam resorbiert werden, so daß der Insulinbedarf relativ niedrig bleibt und der Traubenzuckergehalt des Blutes keine gefährliche Höhe erreicht.

Während über das Backverhalten von normalen Mehlen genügend Erfahrungen im Backgewerbe vorliegen, ist das Arbeiten mit Vollkornmahlerzeugnissen vielen noch nicht geläufig. So muß man wissen, daß die Volumenausbeute um so größer ist, je feiner das Vollkornmahlerzeugnis gemahlen worden ist. Bei der Verarbeitung von Weizenvollkornmehl sollte der Proteingehalt über 13 % liegen. Schließlich ist eine verstärkte Geruchs- und Geschmackskontrolle der Rohstoffe nötig. Da die Vollkornmahlerzeugnisse auch den Keim enthalten, ist die Empfindlichkeit gegenüber Ranzigwerden deutlich höher.

Diabetiker-
Feine Vollkorn-Backwaren

Diabetiker- Vollkorn-Mürbteig

Zutaten:

600 g	„Delikatess-Back"-Margarine	
500 g	„Sionon-Diabetiker-Süße"	
300 g	(6) Eier	
80 g	Wasser	
8 g	Salz	
	Zitrone	
1000 g	Weizenvollkornmehl	mischen
25 g	Backpulver	
2505 g	Diabetiker-Vollkorn-Mürbteig	

Herstellung:
Außer Weizenvollkornmehl und Backpulver alle Zutaten gut miteinander verarbeiten. Zum Schluß das mit Backpulver vermischte Weizenvollkornmehl hinzugeben und einen Mürbteig herstellen.

Backtemperatur: ca. 200 °C
Backzeit: ca. 10 Minuten
Backverlust: ca. 10 %

Analyse

Diabetiker-Vollkorn-Mürbteig

100 g enthalten:			
		Zuckeraustauschstoff Sorbit (kann bei übermäßigem Verzehr abführend wirken)	23 g
verwertbare Kohlenhydrate	31 g		
verwertbare Eiweißstoffe	7 g	Physiologischer Brennwert:	
verwertbare Fette	24 g	1949 kJ (460 kcal)	(1 BE = 22 g)

*Diabetiker-*Vollkorn-Butter-Streusel

Zutaten:

550 g	Butter	
450 g	„Sionon-Diabetiker-Süße"	
200 g	(4) Eier	
50 g	Vollmilchpulver	
	Salz, Vanille	
1000 g	Weizenvollkornmehl	mischen
12 g	Backpulver	
2262 g	Diabetiker-Vollkorn-Butter-Streusel	

Herstellung:
Außer Weizenvollkornmehl und Backpulver alle Zutaten gut miteinander verarbeiten. Zum Schluß das mit Backpulver vermischte Weizenvollkornmehl hinzugeben und einen Streusel herstellen.

Backverlust: ca. 10 %

Analyse

Diabetiker-Vollkorn-Butter-Streusel

100 g enthalten:			
verwertbare Kohlenhydrate	37 g	Zuckeraustauschstoff Sorbit	22 g
verwertbare Eiweißstoffe	8 g	(kann bei übermäßigem Verzehr	
verwertbare Fette	26 g	abführend wirken)	

Diabetiker-Vollkorn-Dobos(Biskuit)-Böden

Zutaten:
für 4 Böden 26 cm Durchmesser

550 g	(11) Eier
170 g	„Sionon-Diabetiker-Süße"
70 g	Wasser (ca. 30 °C)
	Salz, Vanille
200 g	Weizenvollkornmehl } mischen
6 g	Backpulver } mischen
996 g	Diabetiker-Vollkorn-Dobos-Masse

Herstellung:
Eier, „Sionon-Diabetiker-Süße", Gewürze und Wasser ca. 12 Minuten kalt aufschlagen. Weizenvollkornmehl mit Backpulver untermelieren. Auf papierbelegte Bleche dünne Böden aufstreichen. Abbacken.

Backtemperatur: ca. 220 °C
Backzeit: ca. 8 Minuten
Backverlust: ca. 15 %

Analyse

Diabetiker-Vollkorn-Dobos(Biskuit)-Böden

100 g Gebäck enthalten:		
verwertbare Kohlenhydrate	17 g	Zuckeraustauschstoff Sorbit 20 g (kann bei übermäßigem Verzehr abführend wirken)
verwertbare Eiweißstoffe	11 g	Physiologischer Brennwert:
verwertbare Fette	7 g	1082 kJ (255 kcal) (1 BE = 32 g)

Diätetisches Lebensmittel mit Süßstoff Saccharin zur besonderen Ernährung bei Diabetes mellitus im Rahmen eines Diätplans.

Mindestens haltbar bis: ____________

Diabetiker-Vanille-Krem

Zutaten

1000 g	(1 Liter) Vollmilch
300 g	„Sionon-Diabetiker-Süße"
120 g	Weizenpuder
	Vanille
1420 g	Diabetiker-Vanille-Krem

Herstellung:
Von allen Zutaten einen Krem kochen und auskühlen lassen.

Analyse

Diabetiker-Vanille-Krem

100 g enthalten:		
verwertbare Kohlenhydrate	11 g	Zuckeraustauschstoff Sorbit 21 g
verwertbare Eiweißstoffe	2 g	(kann bei übermäßigem Verzehr
verwertbare Fette	2 g	abführend wirken)

Diabetiker- **Vanille-Quark-Füllung**

Analyse

Diabetiker-Vanille-Quark-Füllung

100 g enthalten:			
verwertbare Kohlenhydrate	6 g	Zuckeraustauschstoff Sorbit	10 g
verwertbare Eiweißstoffe	10 g	(kann bei übermäßigem Verzehr	
verwertbare Fette	2 g	abführend wirken)	

Zutaten:

750 g Diabetiker-Vanille-Krem (siehe Grundrezept)
750 g Magerquark
50 g (1) Ei
Salz, Zitrone

1550 g Diabetiker-Vanille-Quark-Füllung

Herstellung:

Alle Zutaten gut miteinander verrühren. (Nicht schaumig rühren.)

Diabetiker- **Tortenguß**

Analyse

Diabetiker-Tortenguß

100 g enthalten:			
verwertbare Kohlenhydrate	0 g	Zuckeraustauschstoff Sorbit	20 g
verwertbare Eiweißstoffe	0 g	(kann bei übermäßigem Verzehr	
verwertbare Fette	0 g	abführend wirken)	

Zutaten:

1000 g (1 Liter) Wasser
250 g „Sionon-Diabetiker-Süße"
20 g Tortenguß-Pulver „Effekt" (s. Seite 88)

1270 g Diabetiker-Tortenguß

Herstellung:

„Sionon-Diabetiker-Süße" mit Tortenguß-Pulver vermischen. In kochendes Wasser einrühren und kurz aufkochen lassen. Eventuell etwas abschäumen.

Diabetiker-
Vollkorn-Butter-Teegebäck

Zutaten:

600 g	Butter	
500 g	„Sionon-Diabetiker-Süße"	
300 g	(6) Eier	
80 g	Wasser	
8 g	Salz	
5 g	Zitrone	
1000 g	Weizenvollkornmehl	mischen
25 g	Backpulver	
2518 g	Diabetiker-Vollkorn-Butter-Mürbteig	

Herstellung:
Von allen Zutaten einen Mürbteig herstellen. Den Diabetiker-Vollkorn-Butter-Mürbteig auf 3 mm Stärke ausrollen. Mit verschiedenen Ausstechern gewünschte Formen ausstechen. Auf Bleche setzen und mit Eistreiche abstreichen. Abbacken.

Backtemperatur: ca. 200 °C
Backzeit: ca. 10 Minuten
Backverlust: ca. 12 %

Analyse

Diabetiker-Vollkorn-Butter-Teegebäck

100 g Gebäck enthalten:		Zuckeraustauschstoff Sorbit (kann bei übermäßigem Verzehr abführend wirken)	23 g
verwertbare Kohlenhydrate	31 g	Physiologischer Brennwert:	
verwertbare Eiweißstoffe	7 g	1987 kJ (469 kcal)	(1 BE = 22 g)
verwertbare Fette	25 g		

Diätetisches Lebensmittel mit Süßstoff Saccharin zur besonderen Ernährung bei Diabetes mellitus im Rahmen eines Diätplans.

Mindestens haltbar bis: ______________

Diabetiker-Vollkornplätzchen mit Sonnenblumenkernen

Zutaten:

850 g	Butter
350 g	„Sionon-Diabetiker-Süße"
400 g	(8) Eier
	Salz, Vanille
1450 g	Weizenvollkornmehl
550 g	Sonnenblumenkerne, leicht geröstet
3600 g	Diabetiker-Vollkorn-Butter-Mürbteig

Herstellung:
Von allen Zutaten einen Mürbteig herstellen. Den Diabetiker-Vollkorn-Butter-Mürbteig zu Rollen formen und ca. 1 Stunde kühl stellen. Die Rollen in ca. 5 mm starke Scheiben schneiden und auf Bleche absetzen. Abbacken.

Backtemperatur: ca. 200 °C
Backzeit: ca. 12 Minuten
Backverlust: ca. 13 %

Analyse

Diabetiker-Vollkornplätzchen mit Sonnenblumenkernen

100 g Gebäck enthalten:

verwertbare Kohlenhydrate	38 g
verwertbare Eiweißstoffe	13 g
verwertbare Fette	27 g

Zuckeraustauschstoff Sorbit 11 g
(kann bei übermäßigem Verzehr abführend wirken)
Physiologischer Brennwert:
2080 kJ (491 kcal) (1 BE = 24 g)

Diätetisches Lebensmittel mit Süßstoff Saccharin zur besonderen Ernährung bei Diabetes mellitus im Rahmen eines Diätplans.

Mindestens haltbar bis: ______________

Diabetiker- **Vollkorn-Apfelkuchen**

Zutaten:
für 1 Blech 58 × 39 cm
2000 g Diabetiker-Vollkorn-Mürbteig (siehe Grundrezept)
300 g Diabetiker-Vanille-Krem (siehe Grundrezept)
2500 g Apfelspälten (frisch oder gefrostet)
300 g Diabetiker-Tortenguß (siehe Grundrezept)

Herstellung:
Den Diabetiker-Vollkorn-Mürbteig auf 58 × 39 cm ausrollen, auf ein Blech bringen und leicht anbacken. Danach die Diabetiker-Vanille-Krem gleichmäßig aufstreichen und mit Apfelspälten belegen. Einen Vorstecker ansetzen und abbacken. Nach dem Auskühlen mit Diabetiker-Tortenguß abglänzen.

Backtemperatur: ca. 200 °C
Backzeit: ca. 20 Minuten
Backverlust: ca. 13 %

Analyse

Diabetiker-Vollkorn-Apfelkuchen

100 g Gebäck enthalten:

verwertbare Kohlenhydrate	19 g	Zuckeraustauschstoff Sorbit (kann bei übermäßigem Verzehr abführend wirken)	12 g
verwertbare Eiweißstoffe	3 g	Physiologischer Brennwert:	
verwertbare Fette	10 g	958 kJ (226 kcal)	(1 BE = 38 g)

Diätetisches Lebensmittel mit Süßstoff Saccharin zur besonderen Ernährung bei Diabetes mellitus im Rahmen eines Diätplans.

Diabetiker- Vollkorn-Pflaumenkuchen

Zutaten:
für 1 Blech 58 × 78 cm
1000 g Weizenvollkornmehl
90 g Hefe
350 g Wasser
100 g (2) Eier
200 g „Delikatess-Back"-Margarine
200 g „Sionon-Diabetiker-Süße"
12 g Salz, Zitrone

1952 g Diabetiker-Vollkorn-Hefeteig
300 g Diabetiker-Tortenguß
(siehe Grundrezept)

Herstellung:
Direkte Führung, intensive Knetung. Teigruhe ca. 30 Minuten. Den Diabetiker-Vollkorn-Hefeteig auf 58 × 78 cm ausrollen, auf ein Blech bringen und mit 4 kg Pflaumen wie üblich belegen. Bei ca. ½ Gare abbacken. Nach dem Auskühlen mit Diabetiker-Tortenguß abglänzen.

Backtemperatur: ca. 210 °C
Backzeit: ca. 18 Minuten
Backverlust: ca. 14 %

Analyse

Diabetiker-Vollkorn-Pflaumenkuchen

100 g Gebäck enthalten:

verwertbare Kohlenhydrate	21 g
verwertbare Eiweißstoffe	3 g
verwertbare Fette	4 g

Zuckeraustauschstoff Sorbit 7 g
(kann bei übermäßigem Verzehr abführend wirken)
Physiologischer Brennwert:
679 kJ (160 kcal) (1 BE = 43 g)

Diätetisches Lebensmittel mit Süßstoff Saccharin zur besonderen Ernährung bei Diabetes mellitus im Rahmen eines Diätplans.

Diabetiker- **Vollkorn-Croissants**

Zutaten:

für 50 Stück à ca. 45 g Teigeinlage

900 g	Weizenvollkornmehl
100 g	Weizenmehl, Type 550
100 g	„Delikatess-Back"-Margarine
100 g	(2) Eier
60 g	Hefe
30 g	„Sionon-Diabetiker-Süße"
15 g	Salz
500 g	(½ Liter) Wasser, ca.
1805 g	Diabetiker-Vollkorn-Hefeteig
400 g	„Delikatess-Zieh"-Margarine zum Einziehen
2205 g	gezogener Diabetiker-Vollkorn-Hefeteig

Herstellung:

Direkte Führung. Kühle Teigführung, intensive Knetung. Nach einer kühlen Teigruhe (ca. 20 Minuten) die „Delikatess-Zieh"-Margarine mit einer einfachen und einer doppelten Tour einziehen. Ca. 10 Minuten kühle Teigruhe. Auf 3,5 mm ausrollen und in Dreiecke schneiden (Grundfläche 12 cm breit und 20 cm hoch). Mit Wasser abstreichen und zu Hörnchen wickeln. Vor der Gare und vor dem Einschieben mit Eistreiche abstreichen. Mit ¾ Gare, ohne Dampf, abbacken.

Backtemperatur: ca. 210 °C
Backzeit: ca. 13 Minuten
Backverlust: ca. 16 %

Analyse

Diabetiker-Vollkorn-Croissants

100 g Gebäck enthalten:		Zuckeraustauschstoff Sorbit	2 g
verwertbare Kohlenhydrate	37 g		
verwertbare Eiweißstoffe	8 g	Physiologischer Brennwert:	
verwertbare Fette	23 g	1673 kJ (395 kcal)	(1 BE = 30 g)

Diätetisches Lebensmittel mit Süßstoff Saccharin zur besonderen Ernährung bei Diabetes mellitus im Rahmen eines Diätplans.

Diabetiker-Vollkorn-Plunder mit Quark-Vanille-Füllung

Zutaten:
für 56 Stück à ca. 45 g Teigeinlage

900 g	Weizenvollkornmehl
100 g	Weizenmehl, Type 550
150 g	„Sionon-Diabetiker-Süße"
80 g	„Delikatess-Back"-Margarine
60 g	Hefe
12 g	Salz
25 g	Vollmilchpulver
500 g	(½ Liter) Wasser, ca.
1827 g	Diabetiker-Vollkorn-Hefeteig
700 g	„Delikatess-Zieh"-Margarine zum Einziehen
2527 g	Diabetiker-Vollkorn-Plunderteig
1400 g	Diabetiker-Vanille-Quarkfüllung (siehe Grundrezept Seite 000)

Herstellung:
Direkte, kalte Führung. „Delikatess-Zieh"-Margarine mit drei einfachen Touren in den Diabetiker-Vollkorn-Hefeteig einziehen und 10 Minuten Ruhezeit geben. Auf 3 mm ausrollen, in Quadrate von 11 × 11 cm schneiden und mit Wasser abstreichen. Aufarbeiten wie gewünscht, mit Eistreiche abstreichen und pro Stück 25 g Diabetiker-Vanille-Quarkfüllung aufspritzen. Mit ¾ Gare abbacken.

Backtemperatur: ca. 230 °C
Backzeit: ca. 12 Minuten
Backverlust: ca. 13 %

Analyse

Diabetiker-Vollkorn-Plunder mit Quark-Vanille-Füllung

100 g Gebäck enthalten:		Zuckeraustauschstoff Sorbit	8 g
verwertbare Kohlenhydrate	23 g		
verwertbare Eiweißstoffe	8 g	Physiologischer Brennwert:	
verwertbare Fette	20 g	1423 kJ (336 kcal)	(1 BE = 39 g)

Diätetisches Lebensmittel mit Süßstoff Saccharin zur besonderen Ernährung bei Diabetes mellitus im Rahmen eines Diätplans.

Diabetiker-
Vollkorn-Hefezöpfe

Zutaten:
für 4 Zöpfe à ca. 540 g Teigeinlage

1000 g	Weizenvollkornmehl
150 g	Vollmilch
200 g	Wasser, ca.
200 g	„Sionon-Diabetiker-Süße"
170 g	Magerquark
200 g	(4) Eier
130 g	Hefe
80 g	„Delikatess-Back"-Margarine
12 g	Salz
15 g	Backpulver
2157 g	Diabetiker-Vollkorn-Hefeteig
80 g	gehobelte Mandeln zum Bestreuen

Herstellung:
Direkte Teigführung, intensive Knetung. Ca. 30 Minuten Teigruhe. Den Diabetiker-Vollkorn-Hefeteig abwiegen, Stränge formen und zu Zöpfe flechten. Mit Eistreiche abstreichen und mit gehobelten Mandeln bestreuen. Mit ¾ Gare abbacken.

Backtemperatur: ca. 220 °C, auf 200 °C abfallend
Backzeit: ca. 30 Minuten
Backverlust: ca. 9 %

Analyse

Diabetiker-Vollkorn-Hefezöpfe

100 g Gebäck enthalten:

verwertbare Kohlenhydrate	34 g
verwertbare Eiweißstoffe	10 g
verwertbare Fette	8 g

Zuckeraustauschstoff Sorbit 10 g
(kann bei übermäßigem Verzehr abführend wirken)
Physiologischer Brennwert:
1222 kJ (288 kcal) (1 BE = 27 g)

Diätetisches Lebensmittel mit Süßstoff Saccharin zur besonderen Ernährung bei Diabetes mellitus im Rahmen eines Diätplans.

Diabetiker- **Vollkorn-Butterzwieback**

Zutaten:

1000 g	Weizenvollkornmehl
150 g	„Sionon-Diabetiker-Süße"
80 g	Hefe
100 g	(2) Eier
12 g	Salz
100 g	Butter
450 g	Wasser, ca.
1892 g	Diabetiker-Vollkorn-Butter-Hefeteig

Herstellung:
Direkte Führung, intensive Knetung. Teigruhe ca. 25 Minuten. Den Diabetiker-Vollkorn-Butter-Hefeteig in Stücke von ca. 950 g abwiegen, längen und mit etwa 10 cm Abstand auf ein Blech legen. Mit ¾ Gare abbacken. Nach dem Backen 1 Tag stehen lassen. Dann in Scheiben schneiden und beide Seiten goldbraun bei ca. 200 °C rösten.

Backtemperatur: ca. 210 °C
Backzeit: ca. 15 Minuten
Röstzeit: ca. 10 Minuten
Back- und Röstverlust: ca. 34 %

Analyse

Diabetiker-Vollkorn-Butterzwieback

100 g Gebäck enthalten:

verwertbare Kohlenhydrate	54 g
verwertbare Eiweißstoffe	12 g
verwertbare Fette	9 g

Zuckeraustauschstoff Sorbit 12 g
(kann bei übermäßigem Verzehr abführend wirken)
Physiologischer Brennwert:
1668 kJ (393 kcal) (1 BE = 18 g)

Diätetisches Lebensmittel mit Süßstoff Saccharin zur besonderen Ernährung bei Diabetes mellitus im Rahmen eines Diätplans.

Mindestens haltbar bis: ________________

Diabetiker- **Vollkorn-Weihnachtsstollen**

Zutaten:
für 6 Stollen à 450 g Teigeinlage

400 g	Weizenvollkornmehl	Ansatz (ca. 50 Minuten Stehzeit)
100 g	Weizenmehl, Type 550	
350 g	Wasser	
90 g	Hefe	
500 g	Weizenvollkornmehl	
400 g	„Delikatess-Back"-Margarine	
150 g	„Sionon-Diabetiker-Süße"	
12 g	Salz, Zitrone	
2002 g	Diabetiker-Vollkorn-Hefeteig	
250 g	gehackte Mandeln	½ Tag vorher einweichen
300 g	Rosinen	
150 g	Wein (Diabetiker-geeignet)	
2702 g	Diabetiker-Vollkorn-Stollenteig	

Herstellung:
Indirekte Führung. Teigruhe ca. 30 Minuten. Den Diabetiker-Vollkorn-Stollenteig in 450-g-Stücke abwiegen. Teigstücke nach „Stollenart" aufmachen. Entweder freigeschoben, in Stollenformen oder unter Stollenhauben backen. Die Diabetiker-Vollkorn-Weihnachtsstollen werden nicht weiterbehandelt, sie bleiben naturell.

Backtemperatur: abfallend 220 °C bis 180 °C
Backzeit: ca. 35 Minuten
Backverlust: ca. 10 %

Analyse

Diabetiker-Vollkorn-Weihnachtsstollen

100 g Gebäck enthalten:		Zuckeraustauschstoff Sorbit	6 g
verwertbare Kohlenhydrate	37 g		
verwertbare Eiweißstoffe	7 g	Physiologischer Brennwert:	
verwertbare Fette	20 g	1610 kJ (380 kcal)	(1 BE = 28 g)

Diätetisches Lebensmittel mit Süßstoff Saccharin zur besonderen Ernährung bei Diabetes mellitus im Rahmen eines Diätplans.

Mindestens haltbar bis: ______________

Diabetiker-
Vollkorn-Mandel-Sandkuchen

Zutaten:

560 g	Butter
520 g	„Sionon-Diabetiker-Süße"
	Salz, Vanille
150 g	Wasser
1000 g	(20) Eier
800 g	Weizenvollkornmehl
60 g	Backpulver
200 g	Weizenvollkornfeinschrot
260 g	gemahlene Mandeln
3550 g	Diabetiker-Vollkorn-Mandel-Rührmasse

Herstellung:
Butter, „Sionon-Diabetiker-Süße", Wasser und Geschmacksstoffe schaumig rühren. Eier und Weizenvollkornmehl nach und nach anteilig zugeben. Zum Schluß das Weizenvollkornfeinschrot mit Backpulver vermischen und die gemahlenen Mandeln untergeben. In Formen einfüllen und backen.

Backtemperatur: ca. 200 °C
Backzeit: ca. 40 Minuten je nach Einwaage
Backverlust: ca. 10 %

Analyse

Diabetiker-Vollkorn-Mandel-Sandkuchen

100 g Gebäck enthalten:

verwertbare Kohlenhydrate	23 g	
verwertbare Eiweißstoffe	9 g	
verwertbare Fette	23 g	

Zuckeraustauschstoff Sorbit 16 g
(kann bei übermäßigem Verzehr abführend wirken)
Physiologischer Brennwert:
1690 kJ (399 kcal) (1 BE = 31 g)

Diätetisches Lebensmittel mit Süßstoff Saccharin zur besonderen Ernährung bei Diabetes mellitus im Rahmen eines Diätplans.

Mindestens haltbar bis: ____________

Diabetiker-
Vollkorn-Schokoladenkuchen

Zutaten:

250 g	Butter
200 g	„Sionon-Diabetiker-Süße"
80 g	Vollmilch
200 g	(4) Eier
160 g	Diabetiker-Kuvertüre, zartbitter, 60/40 DI 68 (s. Seite 88)
	Salz, Vanille
300 g	Weizenvollkornmehl
12 g	Backpulver
1202 g	Diabetiker-Vollkorn-Schokoladenmasse
100 g	Aprikose-Frischfrucht-Diätbackfrucht (s. Seite 87)
250 g	Diabetiker-Kuvertüre, zartbitter, 60/40 DI 68 (s. Seite 88)
25 g	Diabetiker-Vollmilch-Kuvertüre, 37/38,5 DI VM (s. Seite 88) für Späne

Herstellung:

Alle Zutaten im „all-in"-Verfahren ca. 4 Minuten langsam rühren. In einen Ring oder in eine Springform einfüllen und backen. Nach dem Auskühlen mit 100 g heißer Aprikose-Frischfrucht-Diätbackfrucht einstreichen und mit 250 g temperierter Diabetiker-Kuvertüre überziehen. Mit Diabetiker-Vollmilch-Kuvertürespäne bestreuen.

Backtemperatur: ca. 180 °C
Backzeit: ca. 60 Minuten
Backverlust: ca. 12 %

Analyse

Diabetiker-Vollkorn-Schokoladenkuchen

100 g Gebäck enthalten:

verwertbare Kohlenhydrate	31 g	Zuckeraustauschstoff Sorbit (kann bei übermäßigem Verzehr abführend wirken)	14 g
verwertbare Eiweißstoffe	7 g		
verwertbare Fette	27 g	Physiologischer Brennwert:	
Zuckeraustauschstoff Fructose	14 g	1927 kJ (455 kcal)	(1 BE = 26 g)

Diätetisches Lebensmittel mit Süßstoff Saccharin zur besonderen Ernährung bei Diabetes mellitus im Rahmen eines Diätplans.

Mindestens haltbar bis: ____________________

Diabetiker-
Vollkorn-Kirschkuchen

Analyse

Diabetiker-Vollkorn-Kirschkuchen

100 g Gebäck enthalten:		Zuckeraustauschstoff Sorbit (kann bei übermäßigem Verzehr abführend wirken)	14 g
verwertbare Kohlenhydrate	23 g		
verwertbare Eiweißstoffe	5 g		
verwertbare Fette	17 g	Physiologischer Brennwert:	
Zuckeraustauschstoff Fructose	2 g	1360 kJ (321 kcal)	(1 BE = 32 g)

Diätetisches Lebensmittel mit Süßstoff Saccharin zur besonderen Ernährung bei Diabetes mellitus im Rahmen eines Diätplans.

Zutaten:
für ein Blech 58 × 39 cm

1000 g	Diabetiker-Vollkorn-Mürbteig (siehe Grundrezept)
200 g	Aprikose-Frischfrucht-Diätbackfrucht (s. Seite 87)

Diabetiker-Rührmasse:

500 g	„Delikatess-Back"-Margarine	
350 g	„Sionon-Diabetiker-Süße"	
	Salz, Vanille, Zitrone	
550 g	(11) Eier	
600 g	Weizenvollkornmehl	mischen
35 g	Backpulver	
2035 g	Diabetiker-Vollkorn-Rührmasse	
1100 g	Kirschen (frisch oder gefrostet)	
300 g	Diabetiker-Vollkorn-Butter-Streusel (siehe Grundrezept)	

Herstellung Diabetiker-Vollkorn-Rührmasse:
„Delikatess-Back"-Margarine, „Sionon-Diabetiker-Süße" und Gewürze schaumig rühren. Die Eier nach und nach zugeben. Zum Schluß Weizenvollkornmehl mit dem Backpulver unterheben.

Herstellung Diabetiker-Vollkorn-Kirschkuchen:
Diabetiker-Vollkorn-Mürbteig auf 58 × 39 cm ausrollen, auf ein Blech bringen und anbacken. Mit Aprikose-Frischfrucht-Diätbackfrucht einstreichen und dann die Diabetiker-Vollkorn-Rührmasse aufstreichen. Mit Kirschen und Diabetiker-Vollkorn-Butter-Streusel bestreuen.

Backtemperatur: ca. 210 °C
Backzeit: ca. 35 Minuten
Backverlust: ca. 6 %

Diabetiker-
Vollkorn-Butter-Spritzgebäck

Zutaten:

500 g	Butter
450 g	„Sionon-Diabetiker-Süße"
100 g	Vollmilch
400 g	(8) Eier
	Salz, Zitrone
1000 g	Weizenvollkornmehl
2450 g	Diabetiker-Vollkorn-Butter-Spritzmasse

Herstellung:
Butter, „Sionon-Diabetiker-Süße" und Milch aufschlagen. Eier und die Gewürze nach und nach zugeben. Zum Schluß das Weizenvollkornmehl unterrühren. Die Diabetiker-Vollkorn-Butter-Spritzmasse auf mit Backpapier belegte Bleche dressieren.

Backtemperatur: ca. 200 °C
Backzeit: ca. 13 Minuten
Backverlust: ca. 16 %

Analyse

Diabetiker-Vollkorn-Butter-Spritzgebäck

100 g Gebäck enthalten:

verwertbare Kohlenhydrate	32 g
verwertbare Eiweißstoffe	8 g
verwertbare Fette	22 g

Zuckeraustauschstoff Sorbit 21 g
(kann bei übermäßigem Verzehr abführend wirken)
Physiologischer Brennwert:
1873 kJ (442 kcal) (1 BE = 22 g)

Diätetisches Lebensmittel mit Süßstoff Saccharin zur besonderen Ernährung bei Diabetes mellitus im Rahmen eines Diätplans.

Mindestens haltbar bis: ____________________

Diabetiker-
Vollkorn-Mandel-Buttergebäck

Zutaten:

500 g	Butter	
400 g	„Sionon-Diabetiker-Süße"	
450 g	(9) Eier	
	Salz, Zitrone	
720 g	Weizenvollkornmehl	mischen
35 g	Backpulver	
400 g	gemahlene Mandeln	
2505 g	Diabetiker-Vollkorn-Mandel-Buttermasse	

Herstellung:
Butter, „Sionon-Diabetiker-Süße" und Gewürze kurz glattrühren. Die Eier nach und nach zugeben. Zum Schluß das Weizenvollkornmehl mit Backpulver und die gemahlenen Mandeln kurz unterarbeiten. Die Diabetiker-Vollkorn-Mandel-Buttermasse mit einem Spritzbeutel und Lochtülle Nr. 11 auf mit Backpapier belegte Bleche dressieren. Nach ca. 1 Stunde Stehzeit abbacken.

Backtemperatur: ca. 190 °C
Backzeit: ca. 12 Minuten
Backverlust: ca. 17 %

Analyse

Diabetiker-Vollkorn-Mandel-Buttergebäck

100 g Gebäck enthalten:			
		Zuckeraustauschstoff Sorbit (kann bei übermäßigem Verzehr abführend wirken)	19 g
verwertbare Kohlenhydrate	26 g		
verwertbare Eiweißstoffe	11 g	Physiologischer Brennwert:	
verwertbare Fette	33 g	2206 kJ (521 kcal)	(1 BE = 26 g)

Diätetisches Lebensmittel mit Süßstoff Saccharin zur besonderen Ernährung bei Diabetes mellitus im Rahmen eines Diätplans.

Mindestens haltbar bis: ______________________

Diabetiker- Vollkorn-Quark-Kleintorte

Zutaten:
für 5 Kleintorten à 18 cm Durchmesser
1200 g Diabetiker-Vollkorn-Mürbteig (siehe Grundrezept)

Diabetiker-Quarkmasse:

100 g	Butter	glatt-arbeiten
1000 g	Magerquark	
180 g	„Sionon-Diabetiker-Süße"	
90 g	Weizenpuder	
250 g	(¼ Liter) Wasser	
150 g	(3) Eier	
	Salz, Zitrone	
180 g	(6) Eiweiß	zu Schnee schlagen
170 g	„Sionon-Diabetiker-Süße"	
2120 g	Diabetiker-Quarkmasse	

Herstellung:
Unter die glattgearbeiteten Zutaten den Eiweißschnee unterheben. Vom Diabetiker-Vollkorn-Mürbteig 5 Ringe (à 240 g) auslegen (Ausrollstärke ca. 3 mm). Die Diabetiker-Quarkmasse in die Ringe füllen (Einwaage pro Ring 424 g) und glätten. Mit Eistreiche abstreichen und abbacken.

Backtemperatur: ca. 200 °C
Backzeit: ca. 40 Minuten
Backverlust: ca. 15 %

Analyse

Diabetiker-Vollkorn-Quark-Kleintorte

100 g Gebäck enthalten:

verwertbare Kohlenhydrate	15 g
verwertbare Eiweißstoffe	10 g
verwertbare Fette	14 g

Zuckeraustauschstoff Sorbit 20 g
(kann bei übermäßigem Verzehr abführend wirken)
Physiologischer Brennwert:
1297 kJ (306 kcal) (1 BE = 34 g)

Diätetisches Lebensmittel mit Süßstoff Saccharin zur besonderen Ernährung bei Diabetes mellitus im Rahmen eines Diätplans.

Diabetiker-
Vollkorn-Himbeer-Törtchen

Zutaten:
für 12 Torteletts

300 g	Diabetiker-Vollkorn-Mürbteig (siehe Grundrezept)
80 g	Diabetiker-Vanille-Krem (siehe Grundrezept)
70 g	Diabetiker-Vollkorn-Dobos-(Biskuit)-Brösel (siehe Grundrezept)
100 g	Magermilch-Joghurt
50 g	Himbeersaft (frisch) gepreßt
6 ml	„Natreen" flüssig
8 g	(4 Blatt) Gelatine
350 g	Sahne, geschlagen (ungesüßt)
60 g	Mandeln, gehobelt, geröstet
150 g	Himbeeren (frisch oder gefrostet)
60 g	Diabetiker-Tortenguß (siehe Grundrezept)

Herstellung:
Die gebackenen Torteletts mit Diabetiker-Vanille-Krem gleichmäßig einstreichen und mit Biskuit-Brösel bestreuen. Magermilch-Joghurt, Himbeersaft und „Natreen" (flüssig) mit der aufgelösten Gelatine verrühren und die geschlagene Sahne unterheben. Mit Lochtülle Nr. 12 tupfenförmig die Diabetiker-Himbeersahne gleichmäßig auf die 12 Torteletts dressieren und seitwärts einmandeln. Als Dekor die Himbeeren auflegen und mit Diabetiker-Tortenguß abglänzen.

Analyse

Diabetiker-Vollkorn-Himbeer-Törtchen

100 g Gebäck enthalten:		Zuckeraustauschstoff Sorbit	9 g
verwertbare Kohlenhydrate	13 g		
verwertbare Eiweißstoffe	5 g	Physiologischer Brennwert:	
verwertbare Fette	18 g	1143 kJ (180 kcal)	(1 BE = 54 g)

Diätetisches Lebensmittel mit Süßstoff Saccharin zur besonderen Ernährung bei Diabetes mellitus im Rahmen eines Diätplans.

Diabetiker- **Vollkorn-Kaiserschmarren**

Zutaten:

100 g (5) Eigelb
80 g „Sionon-Diabetiker-Süße"
Salz, Zitrone
250 g Weizenvollkornmehl
140 g Vollmilch
60 g Butter (geschmolzen)
150 g (5) Eiweiß zu Schnee schlagen
50 g kleinbeerige Rosinen (überbrühen)

---

830 g Diabetiker-Vollkorn-Masse
30 g „Delikatess-Vortmin"-Erdnußfett für die Pfanne
40 g „Sionon-Diabetiker-Süße" zum Bestreuen

Herstellung:

Eigelbe, „Sionon-Diabetiker-Süße" und Gewürze schaumig rühren. Nach und nach das Weizenvollkornmehl abwechselnd mit Milch und der geschmolzenen Butter zugeben. Zum Schluß den Eiweißschnee und die überbrühten Rosinen unterziehen. Die Diabetiker-Vollkorn-Masse etwa 1 cm dick in eine heiße Pfanne mit „Delikatess-Vortmin"-Erdnußfett geben. Leicht anbacken lassen und gleichzeitig mit 2 Gabeln in Stückchen zerreißen. Von beiden Seiten goldgelb backen. Mit „Sionon-Diabetiker-Süße" bestreuen und heiß servieren.

Backzeit: ca. 5 Minuten
Backverlust: ca. 10 %

Analyse

Diabetiker-Vollkorn-Kaiserschmarren

100 g Gebäck enthalten:

verwertbare Kohlenhydrate	25 g
verwertbare Eiweißstoffe	8 g
verwertbare Fette	12 g

Zuckeraustauschstoff Sorbit 15 g
(kann bei übermäßigem Verzehr abführend wirken)
Physiologischer Brennwert:
1272 kJ (300 kcal) (1 BE = 30 g)

Diätetisches Lebensmittel mit Süßstoff Saccharin zur besonderen Ernährung bei Diabetes mellitus im Rahmen eines Diätplans.

Diabetiker- **Zitronen-Dessert**

Zutaten:
für 60 Portionen in Sherrygläser o. ä.
1300 g Mineralwasser
1200 g geschlagene Sahne (ungesüßt)
160 g Stabilisator für Diabetiker (s. Seite 87)
350 g Kaltkrempulver für Diabetiker Art.-Nr. 3590 (s. Seite 87)
90 g Zitronenpaste für Diabetiker (s. Seite 87)
ca. 200 g (60 × ¼) Zitronenscheiben, natur

Herstellung:
Kaltkrempulver für Diabetiker, Stabilisator für Diabetiker trocken mischen und mit 1300 g Mineralwasser gut verrühren. Zitronenpaste für Diabetiker zusetzen und die geschlagene Sahne unterheben. In Gläser einfüllen und mit ¼ Zitronenscheibe dekorieren.

Analyse

Diabetiker-Zitronen-Dessert

100 g enthalten:		Zuckeraustauschstoff Fructose	7 g
verwertbare Kohlenhydrate	8 g		
verwertbare Eiweißstoffe	2 g	Physiologischer Brennwert:	
verwertbare Fette	11 g	588 kJ (139 kcal)	(1 BE = 150 g)

Diätetisches Lebensmittel zur besonderen Ernährung bei Diabetes mellitus im Rahmen eines Diätplans.

Diabetiker-
Schokoladen-Dessert

Zutaten:
für 60 Portionen in Sherrygläser o. ä.
1300 g Mineralwasser
1200 g geschlagene Sahne (ungesüßt)
160 g Stabilisator für Diabetiker (s. Seite 87)
350 g Kaltkrempulver für Diabetiker Art.-Nr. 3590 (s. Seite 87)
300 g Schokoladenpaste für Diabetiker (s. Seite 87)
ca. 60 g Diabetiker-Kuvertüre, zartbitter (für Späne) 60/40 DI 68 (s. Seite 88)

Herstellung:
Kaltkrempulver für Diabetiker, Stabilisator für Diabetiker trocken mischen und mit 1300 g Mineralwasser gut verrühren. Schokoladenpaste für Diabetiker zusetzen und die geschlagene Sahne unterheben. In Gläser einfüllen und mit Diabetiker-Kuvertürespäne dekorieren.

Analyse

Diabetiker-Schokoladen-Dessert

100 g enthalten:		Zuckeraustauschstoff Fructose	10 g
verwertbare Kohlenhydrate	14 g		
verwertbare Eiweißstoffe	2 g	Physiologischer Brennwert:	
verwertbare Fette	12 g	728 kJ (172 kcal)	(1 BE = 86 g)

Diätetisches Lebensmittel zur besonderen Ernährung bei Diabetes mellitus im Rahmen eines Diätplans.

Diabetiker-
Erdbeer-Dessert

Zutaten:
für 60 Portionen in Sherrygläser o. ä.
1300 g Mineralwasser
1200 g geschlagene Sahne (ungesüßt)
160 g Stabilisator für Diabetiker (s. Seite 87)
350 g Kaltkrempulver für Diabetiker Art.-Nr. 3590 (s. Seite 87)
150 g Erdbeerpaste für Diabetiker (s. Seite 87)
ca. 200 g (60 × ¼) frische Erdbeeren

Herstellung:
Kaltkrempulver für Diabetiker, Stabilisator für Diabetiker trocken mischen und mit 1300 g Mineralwasser gut verrühren. Erdbeerpaste für Diabetiker zusetzen und die geschlagene Sahne unterheben. In Gläser einfüllen und mit ¼ Erdbeere dekorieren.

Analyse

Diabetiker-Erdbeer-Dessert

100 g enthalten:		Zuckeraustauschstoff Fructose	8 g
verwertbare Kohlenhydrate	11 g		
verwertbare Eiweißstoffe	2 g	Physiologischer Brennwert:	
verwertbare Fette	11 g	639 kJ (151 kcal)	(1 BE = 109 g)

Diätetisches Lebensmittel zur besonderen Ernährung bei Diabetes mellitus im Rahmen eines Diätplans.

Diabetiker-
Orangen-Dessert

Zutaten:
für 60 Portionen in Sherrygläser o. ä.
1300 g Mineralwasser
1200 g geschlagene Sahne (ungesüßt)
160 g Stabilisator für Diabetiker (s. Seite 87)
350 g Kaltkrempulver für Diabetiker Art.-Nr. 3590 (s. Seite 87)
90 g Orangenpaste für Diabetiker (s. Seite 87)
ca. 300 g (60 × ¼) Orangenscheiben, natur

Herstellung:
Kaltkrempulver für Diabetiker, Stabilisator für Diabetiker trocken mischen und mit 1300 g Mineralwasser gut verrühren. Orangenpaste für Diabetiker zusetzen und die geschlagene Sahne unterheben. In Gläser einfüllen und mit ¼ Orangenscheibe dekorieren.

Analyse

Diabetiker-Orangen-Dessert

100 g enthalten:		Zuckeraustauschstoff Fructose	6 g
verwertbare Kohlenhydrate	10 g		
verwertbare Eiweißstoffe	2 g	Physiologischer Brennwert:	
verwertbare Fette	11 g	622 kJ (147 kcal)	(1 BE = 120 g)

Diätetisches Lebensmittel zur besonderen Ernährung bei Diabetes mellitus im Rahmen eines Diätplans.

Diabetiker-
Haselnuß-Dessert

Zutaten:
für 60 Portionen in Sherrygläser o. ä.
1300 g Mineralwasser
1200 g geschlagene Sahne (ungesüßt)
160 g Stabilisator für Diabetiker (s. Seite 87)
350 g Kaltkrempulver für Diabetiker Art.-Nr. 3590 (s. Seite 87)
150 g Haselnußpaste für Diabetiker (s. Seite 87)
ca. 60 g (60 Stück) Haselnüsse

Herstellung:
Kaltkrempulver für Diabetiker, Stabilisator für Diabetiker trocken mischen und mit 1300 g Mineralwasser gut verrühren. Haselnußpaste für Diabetiker zusetzen und die geschlagene Sahne unterheben. In Gläser einfüllen und mit einer Haselnuß dekorieren.

Analyse

Diabetiker-Haselnuß-Dessert

100 g enthalten:		Zuckeraustauschstoff Fructose	7 g
verwertbare Kohlenhydrate	10 g		
verwertbare Eiweißstoffe	2 g	Physiologischer Brennwert:	
verwertbare Fette	13 g	698 kJ (165 kcal)	(1 BE = 120 g)

Diätetisches Lebensmittel zur besonderen Ernährung bei Diabetes mellitus im Rahmen eines Diätplans.

Diabetiker- **Grieß-Flammeri**

Zutaten:
für 4 Portionen
500 g (½ Liter) Vollmilch
40 g Weizengrieß
50 g Fruchtzucker
40 g (2) Eigelbe
Salz, Zitrone
60 g (2) Eiweiße zu Schnee schlagen

---

690 g Diabetiker-Grieß-Flammeri

Herstellung:
Milch mit Gewürzen aufkochen. Den Weizengrieß einrühren und kurz ausquellen lassen. Eigelbe mit Fruchtzukker verrühren und unter den heißen Grießbrei ziehen. Eiweißschnee unterheben und den Diabetiker-Grieß-Flammeri in die vorher mit kaltem Wasser ausgespülten Portionsgläser füllen. Kühl stellen.

Kochverlust: ca. 1 %

Analyse

Diabetiker-Grieß-Flammeri

100 g enthalten:

verwertbare Kohlenhydrate	15 g
verwertbare Eiweißstoffe	5 g
verwertbare Fette	4 g

Zuckeraustauschstoff
Fructose 7 g

Physiologischer Brennwert:
492 kJ (116 kcal) (1 BE = 80 g)

Diätetisches Lebensmittel zur besonderen Ernährung bei Diabetes mellitus im Rahmen eines Diätplans.

Diabetiker-
Bayerische Creme

Zutaten:
250 g (¼ Liter) Vollmilch
80 g (4) Eigelbe
100 g Fruchtzucker
½ Vanillestange
250 g geschlagene Sahne, ungesüßt
16 g (8 Blatt) Gelatine

696 g Diabetiker-Bayerische Creme
100 g frische Erdbeerhälften (mit Grün) zum Garnieren

Herstellung:
Die Milch mit der ½ Vanillestange erhitzen. Von der Kochstelle nehmen und ca. 15 Minuten ziehen lassen. Die Vanillestange herausnehmen. Eigelbe und Fruchtzucker schaumig rühren und die heiße Milch unter Rühren dazugeben. Gelatine in kaltem Wasser einweichen. Milchmischung bei schwacher Hitze mit dem Schneebesen schlagen, aber nicht kochen lassen. Wenn die Masse aufsteigt, vom Feuer nehmen. Die ausgedrückte Gelatine unter die Milchmischung rühren und den Fond unter Rühren zum Abkühlen bringen. Die geschlagene Sahne unterheben und in mit kaltem Wasser gespülte Gläser füllen. Im Kühlschrank absteifen lassen. Vor dem Servieren stürzen und mit den Erdbeerhälften am unteren Rand garnieren.

Kochverlust: ca. 10 %

Analyse

Diabetiker - Bayerische Creme

100 g enthalten:		Zuckeraustauschstoff Fructose	14 g
verwertbare Kohlenhydrate	16 g		
verwertbare Eiweißstoffe	5 g	Physiologischer Brennwert:	
verwertbare Fette	14 g	889 kJ (210 kcal)	(1 BE = 75 g)

Diätetisches Lebensmittel zur besonderen Ernährung bei Diabetes mellitus im Rahmen eines Diätplans.

Diabetiker- **Welfen-Creme**

Zutaten:
für 8 Portionen

500 g	(½ Liter) Vollmilch
1	Vanilleschote
	Prise Salz
30 g	Fruchtzucker
40 g	Weizenpuder
90 g	(3) Eiweiße zu Schnee schlagen
660 g	Diabetiker-Welfen-Creme

Diabetiker-Wein-Sauce:

60 g	(3) Eigelbe
60 g	Fruchtzucker
5 g	Weizenpuder
5 g	Zitronensaft (natur)
250 g	(¼ Liter) Wein (Diabetiker geeignet)
380 g	Diabetiker-Wein-Sauce

Herstellung Diabetiker-Welfen-Creme:
Von der Vollmilch ca. 5 Eßlöffel abnehmen. Die restliche Milch mit der Vanilleschote, Salz und 30 g Fruchtzucker aufkochen. Die Vanilleschote herausnehmen. Das Weizenpuder mit der abgenommenen Milch verrühren und in die kochende Vanillemilch geben. Den Eiweißschnee unter die heiße Diabetiker-Welfen-Creme ziehen und in vorbereitete Portionsgläser füllen.

Herstellung Diabetiker-Wein-Sauce:
Die Eigelbe mit 60 g Fruchtzucker schaumig rühren. Weizenstärke, Zitronensaft und Weißwein mischen und langsam in die Eigelbmasse einrühren. Den Fond in ein heißes Wasserbad geben und die Diabetiker-Wein-Sauce gut kremig schlagen. Nach dem Erkalten auf die Diabetiker-Welfen-Creme gießen und gleich servieren.

Kochverlust: ca. 10 %

Analyse

Diabetiker-Welfen-Creme

100 g enthalten:

verwertbare Kohlenhydrate	16 g	Zuckeraustauschstoff Fructose	10 g
verwertbare Eiweißstoffe	4 g	Physiologischer Brennwert:	
verwertbare Fette	4 g	492 kJ (116 kcal)	(1 BE = 75 g)

Diätetisches Lebensmittel zur besonderen Ernährung bei Diabetes mellitus im Rahmen eines Diätplans.

Diabetiker-
Vanilleeis, Sorte 1

Zutaten:

4500 g (4½ Liter) Vollmilch
900 g Fruchtzucker
15 g Pannagel-Eispulver (s. Seite 87)
450 g (22) Eigelbe
5 g Vanillestangen (ausgeschabt)
Prise Salz

5870 g Diabetiker-Eismix

Herstellung:

Alle Zutaten bis zur „Rose" abziehen (80 °C) und temperiert in die Eismaschine geben.

Schwellung: ca. 18 %
Eislagertemperatur: ca. −14 °C

Analyse

Diabetiker-Vanilleeis, Sorte 1

100 g enthalten:		Zuckeraustauschstoff Fructose	15 g
verwertbare Kohlenhydrate	19 g		
verwertbare Eiweißstoffe	4 g	Physiologischer Brennwert:	
verwertbare Fette	5 g	581 kJ (137 kcal)	(1 BE = 63 g)

Diätetisches Lebensmittel zur besonderen Ernährung bei Diabetes mellitus im Rahmen eines Diätplans.

Diabetiker- **Vanilleeis,** Sorte 2

Zutaten:

3000 g (3 Liter) Vollmilch
360 g Fruchtzucker
300 g Sorbit
150 g Pannagel-Eispulver (s. Seite 87)
15 g Vanille
Prise Salz

3825 g Diabetiker-Vanille-Eismix

Herstellung:

Alle Zutaten miteinander gut vermischen, ca. 30 Minuten quellen lassen und in die Eismaschine geben.

Schwellung: ca. 20 %
Eislagertemperatur: ca. −14 °C

Analyse

Diabetiker-Vanilleeis, Sorte 2

100 g enthalten:		Zuckeraustauschstoff Fructose	9 g
		Zuckeraustauschstoff Sorbit	8 g
verwertbare Kohlenhydrate	15 g		
verwertbare Eiweißstoffe	4 g	Physiologischer Brennwert:	
verwertbare Fette	3 g	564 kJ (133 kcal)	(1 BE = 54 g)

Diätetisches Lebensmittel zur besonderen Ernährung bei Diabetes mellitus im Rahmen eines Diätplans.

Diabetiker- Schokoladeneis

Zutaten:

3000 g (3 Liter) Vollmilch
360 g Fruchtzucker
300 g Sorbit
150 g Pannagel-Eispulver (s. Seite 87)
150 g Kakao (stark entölt, 11 % Kakaobutter)
150 g Schokoladenpaste für Diabetiker (s. Seite 87)

4110 g Diabetiker-Schokoladen-Eismix

Herstellung:

Alle Zutaten miteinander gut vermischen, ca. 30 Minuten quellen lassen und in die Eismaschine geben.

Schwellung: ca. 19 %
Eislagertemperatur: ca. −14 °C

Analyse

Diabetiker-Schokoladeneis

100 g enthalten:

verwertbare Kohlenhydrate	18 g	Zuckeraustauschstoff Fructose	11 g
verwertbare Eiweißstoffe	4 g	Zuckeraustauschstoff Sorbit	8 g
verwertbare Fette	3 g	Physiologischer Brennwert: 624 kJ (147 kcal)	(1 BE = 46 g)

Diätetisches Lebensmittel zur besonderen Ernährung bei Diabetes mellitus im Rahmen eines Diätplans.

Diabetiker-
Erdbeer-Fruchteis

Zutaten:

3000 g (3 Liter) Vollmilch
600 g Fruchtzucker
450 g Sorbit
150 g Pannagel-Eispulver (s. Seite 87)
1500 g Erdbeeren (Frischfrucht oder Frosterware)
140 g Erdbeerpaste für Diabetiker (s. Seite 87)
5 g Fruchtsäure

5845 g Diabetiker-Erdbeer-Eismix

Herstellung:
Alle Zutaten miteinander gut vermischen, ca. 30 Minuten quellen lassen und in die Eismaschine geben.

Schwellung: ca. 15 %
Eislagertemperatur: ca. −12 °C

Analyse

Diabetiker-Erdbeer-Fruchteis

100 g enthalten:		Zuckeraustauschstoff Fructose	12 g
		Zuckeraustauschstoff Sorbit	8 g
verwertbare Kohlenhydrate	15 g		
verwertbare Eiweißstoffe	1 g	Physiologischer Brennwert:	
verwertbare Fette	0 g	408 kJ (96 kcal)	(1 BE = 52 g)

Diätetisches Lebensmittel zur besonderen Ernährung bei Diabetes mellitus im Rahmen eines Diätplans.

Diabetiker-
Buttermilch-Erdbeereis

Zutaten

1500 g (1½ Liter) Buttermilch
150 g Zitronensaft (natur)
750 g (¾ Liter) Wasser
1500 g Erdbeermus (Frischfrucht oder Frosterware)
1200 g Fruchtzucker
20 g Pannagel-Eispulver (s. Seite 87)

5120 g Diabetiker-Buttermilch-Erdbeer-Eismix

Herstellung:
Alle Zutaten gut vermischen, 30 Minuten quellen lassen und in die Eismaschine geben.

Schwellung: ca. 17 %
Eislagertemperatur: ca. −14 °C

Analyse

Diabetiker-Buttermilch-Erdbeereis

100 g enthalten:		Zuckeraustauschstoff	
		Fructose	23 g
verwertbare Kohlenhydrate	27 g		
verwertbare Eiweißstoffe	1 g	Physiologischer Brennwert:	
verwertbare Fette	0 g	497 kJ (117 kcal)	(1 BE = 44 g)

Diätetisches Lebensmittel zur besonderen Ernährung bei Diabetes mellitus im Rahmen eines Diätplans.

Diabetiker-
Himbeer-Sorbet

Zutaten:
2200 g (2,2 Liter) Wasser
1200 g Fruchtzucker
20 g Pannagel-Eispulver (s. Seite 87)
1600 g Himbeeren (Frischfrucht oder Frosterware)
140 g Zitronensaft (natur)

5160 g Diabetiker-Himbeer-Eismix

Herstellung:
Himbeeren passieren (Kerne entfernen). Mit den restlichen Zutaten verrühren, ca. 20 Minuten quellen lassen und in die Eismaschine geben.

Schwellung: ca. 14 %
Eislagertemperatur: ca. −12 °C

Analyse

Diabetiker-Himbeer-Sorbet

100 g enthalten:		Zuckeraustauschstoff Fructose	23 g
verwertbare Kohlenhydrate	26 g		
verwertbare Eiweißstoffe	1 g	Physiologischer Brennwert:	
verwertbare Fette	0 g	459 kJ (108 kcal)	(1 BE = 46 g)

Diätetisches Lebensmittel zur besonderen Ernährung bei Diabetes mellitus im Rahmen eines Diätplans.

Herstelleranschriften und Analysendaten

der in diesem Fachbereich verwendeten Halbfabrikate:

Döhler-Puratos-Vertriebs-GmbH
Riedstraße 7–9, 6100 Darmstadt
Telefon: (0 61 51) 3 06-1 57

Analyse: Aromapaste Schokolade für Diabetiker
100 g enthalten:

verwertbare Kohlenhydrate (gesamt)	53 g
verwertbare Eiweißstoffe	1 g
verwertbare Fette	2 g
Zuckeraustauschstoff Fructose	52 g
Zuckeraustauschstoff Sorbit	7 g

Analyse: Aromapaste Haselnuß für Diabetiker
100 g enthalten:

verwertbare Kohlenhydrate (gesamt)	48 g
verwertbare Eiweißstoffe	5 g
verwertbare Fette	24 g
Zuckeraustauschstoff Fructose	42 g
Zuckeraustauschstoff Sorbit	3 g

Analyse: Fruchtpaste Orange für Diabetiker
100 g enthalten:

verwertbare Kohlenhydrate (gesamt)	59 g
Zuckeraustauschstoff Fructose	42 g
Zuckeraustauschstoff Sorbit	3 g

Analyse: Fruchtpaste Zitrone für Diabetiker
100 g enthalten:

verwertbare Kohlenhydrate (gesamt)	59 g
Zuckeraustauschstoff Fructose	57 g
Zuckeraustauschstoff Sorbit	5 g

Analyse: Fruchtpaste Erdbeer für Diabetiker
100 g enthalten:

verwertbare Kohlenhydrate (gesamt)	65 g
Zuckeraustauschstoff Fructose	61 g
Zuckeraustauschstoff Sorbit	4 g

Analyse: Sahne-Stabilisator für Diabetiker
100 g enthalten:

verwertbare Kohlenhydrate (gesamt)	88 g
verwertbare Eiweißstoffe	11 g
Zuckeraustauschstoff Fructose	83 g

Analyse: Pannagel – Eispulver Art.-Nr. 3040
100 g enthalten:

verwertbare Kohlenhydrate	50 g
verwertbare Eiweißstoffe	34 g
verwertbare Fette	1 g

Analyse: Kaltkrempulver für Diabetiker Art.-Nr. 3590
100 g enthalten:

verwertbare Kohlenhydrate (gesamt)	21 g
verwertbare Eiweißstoffe	2 g
verwertbare Fette	1 g
Zuckeraustauschstoff Fructose	10 g

KONDIMA-Werk Engelhardt & Heiden
Strösserstraße 17, 7500 Karlsruhe
Telefon: (07 21) 5 59 96-0

Analyse: Diabetiker-Kuvertüre, Zartbitter 60/40 DI 68
100 g enthalten: (durchschnittlich)

verwertbare Kohlenhydrate (gesamt)	47 g
verwertbare Eiweißstoffe	6 g
verwertbare Fette	38 g
Zuckeraustauschstoff Fructose	40 g

Analyse: Diabetiker-Vollmilch-Kuvertüre 37/38,5 DI VM
100 g enthalten: (durchschnittlich)

verwertbare Kohlenhydrate (gesamt)	52 g
verwertbare Eiweißstoffe	6 g
verwertbare Fette	39 g
Zuckeraustauschstoff Fructose	43 g

Analyse: Diabetiker-Marzipan
100 g enthalten: (durchschnittlich)

verwertbare Kohlenhydrate (gesamt)	40 g
verwertbare Eiweißstoffe	10 g
verwertbare Fette	31 g
Zuckeraustauschstoff Fructose	35 g

F. Göbber KG
Bahnhofstraße 40, 2813 Eystrup
Telefon: (0 42 54) 37 85

Analyse: Aprikose-Frischfrucht-Diätbackfrucht
100 g enthalten:

verwertbare Kohlenhydrate (gesamt)	58 g
Zuckeraustauschstoff Fructose	52 g

Boehringer Ingelheim Backmittel GmbH
Postfach 200, 6507 Ingelheim am Rhein
Telefon: (0 61 32) 77-0

Analyse: Tortengußpulver „Effekt"
Enthält keine verwertbaren Kohlenhydrate.

Persönliche Daten

Dr. Hindrich von Zeddelmann, Jahrgang 1927, nach Molkerei-Lehre Tätigkeit als Käser in der Schweiz. Nach Absolvierung der Meisterschule Studium der Mikrobiologie und Biochemie an der Universität Kiel. Seit 1957 Mitglied der Geschäftsleitung der Firma VORTELLA Lebensmittelwerk in Pr. Oldendorf und verantwortlich für Entwicklung, Produktion und Anwendungsberatung. Spezialgebiete: Fette im Back- und Küchenbereich, Backtechnologie, Ernährungslehre.

Harald Steinhauser, Jahrgang 1927, Meisterprüfung im Konditorenhandwerk 1956 an der Handwerkskammer Hannover. Seit 1957 in der Firma VORTELLA Lebensmittelwerk in 4994 Pr. Oldendorf als Chefberater für Backbetriebe tätig. Verantwortlich für die Produktentwicklung im Feinbackmittelbereich, für die fachliche Weiterbildung der Außendienstmitarbeiter und mitverantwortlich für die Verkaufsförderung im Bereich Backbetriebe.

Friedhelm Groschek, Jahrgang 1940, Bäcker- und Konditormeister, Werbefachmann (Fernstudium bei Dr. Th. Gabler, Wiesbaden), Handelsfachwirt (Handelskammer Bremen), Gebäckprüfer (DLG), Fachberater der Bäko Bremen e. G., verantwortlich für: Betriebsberatung, Rezeptentwicklung, Seminare, sowie für überbetriebliche Ausbildung. Spezialgebiete: Brot, Feine Backwaren, Desserts, Speiseeis, Vollkorn- sowie Vollwerternährung und „alles für den Diabetiker". Erfahrung auf dem Diabetiker-Sektor von 1963–1977 im Krankenhaus St.-Joseph-Stift, Bremen (Diätbäckerei), ab 1977 bis heute bei der Bäko Bremen (Diabetiker-Seminare und Rezeptentwicklung).

Inserentenverzeichnis

Ein komplettes Sortiment für Diabetiker-Backwaren und -Desserts mit vollem Genußwert.
Mixe
Biskuit-Mix
Mürbeteig-Mix
Käsekuchen-Mix
Kaltcreme-Mix
Sahne-Fonds
Quark
Neutral
Frucht- und Aroma-Pasten
Zitrone · Erdbeere · Nuß
Orange · Schoko
Instant-Jelly
Tortenguß
Gleiches Recht für Diabetiker.
Döhler-Puratos Vertriebs-GmbH
Riedstr. 7–9, D-6100 Darmstadt
Telefon 06151/306-157
Telex 4197162 doeh d
DÖHLER
PURATOS
Zwei Spezialisten im Dienste der Bäcker und Konditoren.